주말엔 **캠핑**

최강 캠퍼 11인이 말하는

주말엔 캠핑

성재희 · 윤영주 지음

프롤로그

 초등학교 4학년 여름방학 때, 아빠가 텐트 만드는 공장을 운영하던 지인에게서 텐트를 사왔다. 지금은 크기도 모양도 기억이 나지 않는 그 텐트는 요즘의 것과 비교할 수 없을 만큼 무겁고 부피가 컸다. 떡본 김에 제사 지낸다고, 그해 여름 피서로 캠핑을 갔다. 그때는 캠핑이라는 말도 없었고 당연히 캠핑장도 없었던 터라 한탄강 근처 적당한 곳에 텐트를 쳤다. 장비라고 해봤자 텐트와 작은 스토브, 코펠이 전부였다. 침낭 대신 집에서 쓰던 담요를 가져갔고, 리빙 공간은 돗자리 하나로 해결했다. 아빠는 집안일에 일절 손대지 않던 분이었는데 캠핑을 갔을 때만큼은 달랐다. 코펠에 밥을 하고 설거지도 척척 하셨다. 그런 아빠의 모습이 신기하기만 했다. 장마철이어서 캠핑하는 내내 비가 왔지만 그 어느 해보다 기억에 남는 즐거운 피서였다.

결혼을 하고 우연한 기회에 캠핑을 시작했다. 아마 어렸을 때 아빠와 캠핑을 갔던 기억 덕분에 자연스레 호기심을 갖게 된 듯하다. 마침 남편도 어릴 적 나와 비슷한 기억을 가지고 있었다. 아빠와 함께 캠핑을 하는. 별달리 공유할 취미가 없었던 우리 부부는 곧 캠핑이라는 신종 놀이

에 푹 빠져버렸고, 폭우가 쏟아지는 날씨에도 아랑곳하지 않고 한동안 주말마다 짐을 쌌다. 캠핑 열풍이 거세지기 전이라 정보도 부족해서 몇 년간 많은 시행착오를 겪었다. 캠핑 붐이 본격적으로 일자 덩달아 캠핑 책도 쏟아져 나왔지만 하나같이 정보 일색인 터라 아쉬웠다. '캠핑 책도 재미있게 읽을 수 있고 정보가 쏙쏙 눈에 들어오면 좋을 텐데' 하고 생각하다 이 책을 썼다.

부디 《주말엔 캠핑》이 지금 막 캠핑을 시작하려는데 무엇을 준비해야 하는지 고민하는 입문자에서부터 현재 캠핑을 즐기고 있지만 자신에게 맞는 스타일을 찾는 캠퍼에게까지, 좋은 가이드라인이 됐으면 한다. 인터뷰에 응해주심은 물론 이 책을 쓰는 데 큰 도움을 주신 안남근 님 ('산막타'라는 닉네임으로 더 유명하다)을 비롯해 선뜻 텐트 방문을 허락하고 환대해주신 11명의 캠퍼들에게도 깊은 감사를 드린다. 캠핑을 통해 근사한 추억을 만들어준 언니와 형부(그들이 없었다면 이 책이 못 나왔을지도!), 그리고 싸돌아다니는 아내를 믿고 지지해주는 남편에게 감사할 따름이다.

윤영주

 **캠핑 광풍이** 어느 정도냐는 질문에 우선 대답하자면, 세 집 건너 한 집의 베란다에서 캠핑 장비가 터져 나오기 직전이다. 캠핑장 리뷰(신규, 추천, 여긴 미처 몰랐지?), 캠핑 장비 리뷰(고기 집게, 브랜드별 차콜 비교, 수저 세트, 물주전자 같은 정말 작은 것들까지 세세하게!), 캠핑 요리 레시피 및 시연 후기(밥 짓기부터 감자 굽기, 돼지고기 부위별 굽는 방법, 수육 요리까지!)를 설명하는 블로그 글들이 어마어마하게 쏟아지고 있다. 캠핑 다녀온 1박 2일 동안의 이야기를 다섯 차례에 걸쳐 블로그에 연재할 정도다.

  그러니 처음에는 쉬울 줄로만 알았다. '특별한 캠퍼' 기준에 부합하는 취재원이 수십 명은 족히 되고도 남겠지, 7할쯤 퇴짜 맞는다 해도 열 명 남짓 섭외하는 건 일도 아니겠지 생각했다. 취재를 한 것은 1년 남짓, 그 중 8개월은 섭외하는 데 바쳤다. 책상 맡에 정자세로 앉아 진지하게, 눈이 빠지도록 캠핑 관련 글과 사진을 훑은 후 깨달은 뼈저린 현실은 이런 것이다. 이 나라처럼 대세, 주류, 유행에 민감한 곳은 없고, 그 영역이 캠핑이라 해서 별반 다르지 않다는 것. 비슷한 이유로 캠핑에 빠져들었고 야생의 매력과 장비의 마력에 기꺼이 홀렸다. 살뜰하게 정보를 공유

하다 보니 아주 쉽게 주류가 형성된 것 같다. 냉장고나 아파트 구조에서의 대세라면 그래도 인정할 텐데, 캠핑에서까지 주류나 대세를 이야기한다니 힘이 쭉 빠졌다.

이 좋은 취미가 매뉴얼화되면 곤란하다. 땅은 넓게 파야 더 깊이, 오래 팔 수 있다. 좁게, 한 방향으로만 파다보면 금세 한계에 닿기 마련이다. 희한한 캠퍼들이 많아졌으면 좋겠다. 여기저기 삽을 푹푹 박고 넓은 웅덩이 파기에 일조하는 독특한 캠퍼들이 불쑥불쑥 튀어나왔으면 좋겠다.

책에 담긴 이들은 어렵사리 찾아낸 개성 넘치는 캠퍼들이다. 그들 대부분이 낯선 이에게서 온 이메일에 반가워했고, 기꺼이 1박 2일을 공유하겠노라 답했다. 의심이나 사심 없이 낯선 이를 초대해 술과 고기를 나누어준 그들이 가장 고맙다. 내 나이 스물여덟 살 때 캠핑으로 이끌어준 공저자 윤영주 씨, 함께 산과 들과 바다를 누빈 소년캠핑단 친구들, 노숙하는 딸아이를 응원해준 부모님이 그다음이다.

성재희

 차례

프롤로그 4

알아두기 _ **캠핑 기어 10** 11

01 가족 캠퍼의 품격

캠핑을 통해 이웃사촌을 만든다 _ **정병길** 47
주말 나들이 장소가 마트였던 아빠의 대변신 _ **김경량** 73
아이를 위한 캠핑, 그리고 캠퍼의 자녀교육법 _ **감홍규** 97

02 캠핑도 스타일이다

캠핑도 우선 예쁘고 본다. 낭만을 업그레이드하는 비주얼 예찬 _ **김재성** 125
첫 만남의 풋풋한 설렘을 되살려주는 아웃도어 데이트 _ **김용환·김성희** 147
내가 멈추는 그곳이 캠핑장. 캠핑카 로망, 현실이 되다 _ **임운석·루나** 173
바람이 허락할 때 떠난다. 아날로그 캠핑의 진수, 카누 캠핑 _ **강민규** 197

03 나의 재발견

캠핑 바비큐의 달인. 캠핑하다 사업까지 벌이다 _ **안남근** 219
답답한 도시에서 벗어나 충전하기. 홀로 떠나는 백패킹 _ **이남제** 241
캠핑으로 제2의 인생을 찾다. 평범한 직장인에서 기타리스트로 _ **김현수** 263
우연한 마주침을 기대하며. 바이크를 타고 떠나는 캠핑 _ **한우섭·윤주희** 285

알아두기

캠핑 기어 10

텐트
백번 고민해도 모자란 야외에서의 내 집 마련

침낭 하나 달랑 사들고 방문자 모드로 캠핑 경험하기. 장비에 눈 돌리기 전에 가장 먼저 할 일이다. 그러고 나서 이 취미가 내게 맞겠다 싶은 이는 그때부터 정보를 수집해도 늦지 않다. 집이 있어야 그에 어울리는 부엌을 꾸미고 침실을 마련하며 어울리는 소품을 들여놓을 것이다. 아기자기하고 예쁘다고 1인용 가구를 덜컥 사놓고서 30평형대 집을 구했다면? 원점으로 돌아가 가구를 죄다 바꿔야 한다. 일이 점점 커진다. 캠핑에서도 마찬가지다. 그래서 텐트는 다른 것 다 제쳐놓고 가장 먼저, 가장 신중하게 골라야 할 장비다.

종류

돔 텐트 잠자는 공간이 8할

이너 텐트(잠자는 공간)와 플라이 시트(이너 텐트 위에 덮는 바깥 천)로 단순하게 구성되어 있다. 브랜드에 따라 모양은 다르지만 기본적으로 땅에 납작하게 붙어 있는 반구형(半球形)을 크게 벗어나지 않는다. 안정적인 형태라 강한 비나 바람에도 비교적 잘 견딘다. 크기가 작아서 휴양림 데크 위에 설치하기도 좋고, 붐비는 캠핑장에서 자리 잡기에도 수월하다. 특히 펙(peg)이나 스트링의 도움 없이 자립할 수 있는 돔 텐트는 빠르게 설치할 수 있는 강점을 가졌다.

돔 텐트에서 잠잘 공간을 빼면 의자 하나, 가방 몇 개 놔둘 정도의 좁은 공간만 남기 때문에 텐트 안에서 생활하기에는 부적합하다. 돔 텐트가 동계 캠핑을 제외한 3계절용이라 불리는 것도 이 때문이다. 기온이 영하 10도 이하로 가뿐하게 떨어지는 한겨울, 캠핑장에서 낮 시간을 보낼 때 추위를 막을 공간이 필요한데, 돔 텐트가 이 역할을 다 하기에는 무리가 있다. 한겨울이 아니라면 돔 텐트와 타

프(그늘막) 또는 돔 텐트만으로 캠핑 사이트를 구성할 수 있다. 콜맨 웨더마스터 브리즈돔, 코베아 빅돔, 스노우피크 어메니티돔이 대표적인 제품이다. 최근 백패킹이 늘면서 알파인(산악용) 돔 텐트에 대한 관심도 뜨겁다. 오토캠핑용보다 경량화, 소형화한 타입으로 1~2인용이 대다수다.

거실 텐트(리빙쉘) 동계용에서 사계절용으로 진화
리빙쉘은 스노우피크사의 거실 텐트 제품명인데, 이 이름이 보편적으로 많이 알려져 고유명사처럼 쓰인다. 침실에서 문을 열고 나오면 응접실 겸 부엌이 있는 구조를 떠올리면 이해하기 쉽다(공간이 둘로 나뉘어 있어 '투룸 텐트'라고도 부른다). 텐트 안에서 24시간을 다 보낼 수 있다는 점 때문에 돔 텐트와 쓰임이 다르다.
거실 텐트가 빛을 발하는 건 역시 동계 캠핑에서다. 거실 텐트가 있다면 혹한을 그나마 견딜 수 있다. 텐트 안에 난로를 켜놓고 테이블에 모여 앉아 도란도란 시간을 보내는 게 동계 캠핑의 일반적인 모습이다. 비나 추위를 피하는 데 이만한 장비가 없고 아늑하기까지 하니 많은 캠퍼들이 거실 텐트 하나쯤은 꼭 갖고 싶어 한다.

돔 텐트가 방 하나를 꾸리는 것이라면 거실 텐트는 집을 짓는 일에 비유할 수 있다. 텐트 자체가 대단히 무겁고 구조가 복잡해서 혼자 설치하기가 어렵다. 춥지 않을 때는 그늘막 아래서 활동하는 게 보통이었으나 거실 텐트가 널리 사용되면서 사계절 내내 이용하는 사람들도 늘었다. 붐비는 캠핑장에서 거실 텐트를 칠 만한 공간을 찾는 것도 어렵다. 동계 캠핑이 아니라면, 혹은 캠핑장에서 활동적인 액티비티를 즐기는 캠퍼라면 거실 텐트가 오히려 비효율적일 수 있다.
콜맨 웨더마스터 투룸하우스, 캠프타운 빅돔에스, 스노우피크 랜드락, 스노우피크 리빙쉘, 코베아 캐슬 등이 대표적인 거실 텐트다.

캐빈 텐트 텐트와 그늘막 일체형

캠핑장이 아웃도어 용품 쇼룸처럼 화려해지기 전, 산 좋고 물 좋은 곳에 대강 텐트만 쳐놓고 캠핑하던 시절, 가장 보편적으로 사용하던 텐트다. 이너 텐트를 가운데에 두고 앞뒤, 양옆의 캐노피를 들어 올려(제품에 따라 개방할 수 있는 캐노피의 개수가 다르다) 그늘막을 설치한 후 이 공간에 주방이나 테이블을 꾸리는 식이다. 여기서 더 안정적이고 견고한 형태로 발전한 것이 거실 텐트라고 보면 된다. 거실 텐트처럼 캐빈 텐트 또한 혼자 설치하기는 어렵다. 폴만으로 캐노피를 떠받치는 구조라 강한 바람에 무너지기 쉽다. 또 비가 많이 내리면 캐노피에 물이 고여 제대로 사용할 수 없다는 단점도 기억해야 한다.

© 이원택

캠핑 용품 전문 브랜드가 아닌 곳에서 비교적 싼 값에 출시하는 경우가 많다. 홈쇼핑에 단골로 등장하는 텐트도 바로 이 형태. 한두 번 캠핑을 경험할 요량으로 구매하는 것은 가격 대비 괜찮다. 다만 그 이후 캠핑에 본격적으로 '입문'하게 되면 다른 형태의 텐트에 눈을 돌릴 가능성이 매우 크다.

티피 텐트 비주얼 최고, 활용도는 글쎄?

텐트 한가운데에 지지대를 세우고 이를 중심으로 원을 그리며 텐트 천을 땅바닥에 고정한 형태다. '티피(tepee)'는 아메리카 인디언이 사용한 거주용 텐트를 일컫는 말로, 이를 현대적으로 재해석한 텐트가 오토캠핑용으로 등장한 것이다. 티피 텐트는 면 소재라는 것이 가장 눈에 띄는 점인데, 요즘은 편이성을 생각해 폴리에스테르로 만든 제품도 늘었다. 면 텐트는 유지, 관리에 상당히 신경을 써야 하는 불편함이 있지만, 아늑함과 클래식한 멋을 대체할 아이템이 없을 정도로 독보적이다. 폴리에스테르로 된 요즘 텐트는 불에 매우 취약한데 면 텐트는 비교적 불에 강하다. 면 텐트는 비를 맞으면 충분히 말려 보관해야 한다. 이 과정에서 텐트 천의 성능이 좋아지는 부수적인 효과를 얻을 수 있다.

티피 텐트는 차지하는 공간에 비해 내부 활용도가 떨어진다. 텐트 천이 바닥에 고정된 형태라 중앙을 제외하면 천장이 낮고, 가운데 지지대 때문에 죽은 공간이 생긴다. 다른 텐트에 비해 드나드는 문이 좁다는 점도 미리 염두에 두어야 한다.

텐트를 살 때 고려해야 할 사항

인원수

4인 가족이냐, 2인 커플이냐, 아니면 혼자 다닐 것인가를 먼저 고려해야 한다. 일단 큰 걸 사놓고 보자는 생각은 금물. 텐트가 커지면 그늘막, 테이블 등 나머지 장비의 규모도 커진다. 예산이 무한정 있다면 말리지는 않겠으나, 적당한 규모의 텐트를 사는 것이 앞으로 계속 지출될 기타 비용까지 규모 있게 운용하는 방법이다.

계절

동계 캠핑은 매력 있다. 그러나 동계 캠핑에 발을 들이면 우선 거실 텐트부터 마련해야 하므로 예산이 훌쩍 뛴다. 텐트뿐 아니라 난방 장비까지 갖춰야 하니 신중하게 생각해보자. 한겨울에도 이 취미를 즐길 것인가, 아니면 볕 좋은 봄, 여름, 가을에 주로 다니고 겨울에는 숨고르기를 할 것인가.

캠핑 장소

요즘 성행하는 사설 캠핑장에 간다면 어떤 텐트를 선택하건 무리가 없다. 작은 텐트는 빈 공간에 요리조리 치기 쉬워서 좀더 유리하다지만, 예약할 때 사이트를 미리 지정하는 시스템을 갖춘 곳이 많아 대형 텐트를 가지고 있더라도 큰 문제는 없을 것이다. 다만 휴양림처럼 데크 위에 텐트를 치는 곳이라면 사정은 달라진다. 어디로 캠핑 갈 것인가를 염두에 두자.

© 김현수

캠핑 사이트 구성

텐트에서는 잠만 자고 나머지 활동은 다른 공간에서 할 것인가, 텐트 안에서 취사까지 다 하고 싶은가를 따져본다. 이너 공간이 큰 것, 혹은 천장이 높은 것을 고르는 이들은 텐트 안에서 온종일 시간을 보내는 캠퍼다. 이 문제는 결국 동계 캠핑 여부에 영향을 받는다. 겨울에 텐트 밖에서 무언가를 하는 것은 보통 의지로 되는 일이 아니므로.

브랜드

캠핑 장비를 전문으로 생산하지 않는 곳에서 단발성으로 나오는 텐트가 종종 있다. 싸다고 무턱대고 사면 곤란해진다. 많은 캠퍼들이 입문할 때 대형 할인 마트에서 파는 텐트를 대강 샀다가, 이 취미에 빠져든 뒤에는 그때 산 텐트를 한쪽에 밀어놓고 그때부터 폭풍 검색을 해서 전문 브랜드 제품을 샀다는 이야기를 심심찮게 들었다. 캠핑 전문 브랜드만 놓고 봐도 고가, 중가, 저가로 뚜렷하게 구분된다. 한눈에는 똑같아 보여도 가격은 두세 배 차이 나는 제품들. 어떻게 선택해야 할까? 가격 대비 성능을 따지자면 오리지널 대신 카피 제품을 선택할 가능성이 높다(수입 브랜드의 제품을 카피해 출시하는 국내 캠핑 브랜드가 더러 있다). 이것은 순전히 취향의 문제다. 브랜드의 가치를 인정하고 웃돈을 얹을 의향이 있다, 혹은 똑같아 보이지만 만듦새와 디테일이 다르다고 생각하는 캠퍼라면 텐트 크기를 줄여서라도 선호하는 브랜드의 제품을 선택할 것이다.

텐트를 사면서 확인해야 할 구성품

폴
텐트 가격, 무게에 지대한 영향을 미치는 요소다. 알루미늄 합금 제품이 대부분이다.

펙
자립이 되는 돔 텐트라도 입구를 개방한다거나 보다 안정적으로 설치하려면 펙이 반드시 있어야 한다. 보통의 흙에 박을 것이라면 텐트에 딸려 나오는 두랄루민, ABS 수지 제품만으로도 문제없다. 동계에 언 땅이나 자갈이 섞인 견고한 땅에 박을 때는 강철 펙이나 단조 펙을 따로 준비한다.

스트링
텐트를 사면 스트링과 함께 줄 길이를 조절하는 용도의 스토퍼가 제공된다. 캐노피를 들어 올릴 때 필요한 폴은 별도로 구매한다.

그라운드 시트
텐트를 치려고 마음먹은 땅에 그라운드 시트를 까는 일이 사이트 구축의 첫 단계다. 땅에서 올라오는 한기, 습기를 차단하기 위해 필요하다. 텐트에 맞춰 출시된 제품 있는데, 비싸다 생각되면 천막집에서 제작해도 된다. 이너 텐트보다 5센티미터 작게 만들어야 한다. 이너 텐트보다 크면 플라이 시트를 타고 흘러내린 비가 그라운드 시트에 고여 결과적으로 안쪽의 시트가 눅눅해지는 결과를 가져온다. 은박 돗자리도 좋은 대안이다.

타프
21세기형 오토캠핑에서 가장 주목 받는 장비

방수천으로 만들어진 그늘막을 말한다. 캠핑에 입문하는 이들이 가장 궁금해하는 장비 중 하나다. 저 거대한 천조각은 도대체 어디에다 쓰는 것일까? 뭔데 저렇게 비싼 것일까? 텐트만 있으면 되는 것 아니었나? 타프는 없어도 된다. 그런데 하나 장만해놓으면 그 활용도는 제값을 하고도 남는다. 거실 텐트가 있어서 굳이 타프를 설치하지 않아도 기능적으로는 아무런 불편을 못 느끼는 캠퍼들도 타프를 치고 싶어 하는 데는 다 이유가 있다. 동계를 제외하고는 아침에 일어나서 잠자러 텐트로 들어가기 직전까지, 이 타프 아래서 생활하는 게 일반적이기 때문이다. 사정이 이렇다 보니 타프는 21세기형 오토캠핑의 필수 장비로 등극했다.

기능

햇빛을 가리고 비를 막기 위해 설치하는 장비다. 울창한 산속에서 캠핑한다면 시원한 나무 그늘이 타프 역할을 대신할 것이다. 그런데 보통 오토캠핑장의 입지를 보면, 한여름에는 땡볕이 그대로 내리쬐는 평평하고 널찍한 공간이다. 타프 아래에 있을 때와 아닐 때의 체감온도는 확연히 차이가 난다.

우천시 타프는 필수다. 텐트만 가지고 캠핑을 갔는데 예상치 않게 비가 온다면 갑갑한 텐트 속에서 옴짝달싹 못할 게 뻔하다. 타프가 있으면 우중캠핑은 로망이 된다. 빗속에서 장비를 해체하는 과정은 생각만 해도 피곤한 일이지만, 그건 제쳐놓고, 타프에 투두둑 떨어지는 빗소리를 들으며 마시는 커피 한 잔이란. 캠핑이 이토록 낭만적이었나 새삼 놀란다.

자연에 무방비로 노출된 캠퍼의 든든한 가림막 역할을 하는 타프. 기능적인 면 외에 캠핑 사이트를 멋지게 구성하려는 심미적인 면도 갖춘 고마운 장비다.

종류

직사각형 타프 넓은 공간을 보장하는 패밀리용 타프

직사각형 타프 혹은 렉타(Recta, 직사각형을 뜻하는 'Rectangle'의 준말) 타프라고 부른다. 타프를 바닥에 펼쳐놓으면 반듯한 직사각형 모양이 된다. 메인폴 2개, 사이드폴 4개, 펙과 스트링으로 지지한다.

가림 면적이 넓고 드나들기 쉬운 개방적인 공간이 만들어진다. 사방이 시원스레 뚫린 구조여서 이런 장점이 두드러진다. 반면 지나치게 열려 있어 햇볕이나 비를 피하는 지극히 기능적인 용도 외에 아늑한 공간 구성, 프라이버시 보호 등을 원하는 이들은 난색을 표할 것이다. 이런 경우 한쪽 또는 양쪽 면에 설치할 수 있는 사이드월 같은 부속제품으로 취약점을 보완할 수 있다. 타프 사이드월(타프 익스텐션 시트, 타프 사이드어닝 등도 같은 기능의 제품)은 비바람이 들이칠 때도 굉장히 유용하다.

육각형 타프 공간은 좁지만 바람에 강하고 예쁘다

육각형 타프 혹은 헥사(Hexa, 육각형을 뜻하는 'Hexagon'의 준말) 타프라고 부른다. 직사각형 타프에 비해 소규모 캠핑에 적합한 장비다. 사이드폴 없이 메인폴 2개와 펙, 스트링으로 지지한다.

육각형 타프에 드나들 땐 성인이라면 반드시 허리를 굽히게 된다. 사이드폴이 없는 구조라 출입구가 직사각형 타프에 비해 낮고, 땅에 더 붙어 있다고 생각하면 된다. 사이드폴을 추가해 불편함을 없애려는 이들도 있으나 그럴 경우 육각형 타프만의 특징이 사라지는 것이 아닌가 싶다. 몇몇 브랜드에서 내놓은 변형 육각형 타프는 메인폴의 높이가 서로 다른데(보통의 육각형 타프는 같은 높이의 메인폴을 두고 설치해야 모양이 산다) 한쪽이 하늘을 향해 솟아 있는 형상이다. 리듬감 있는 모양새는 직사각형 타프보다 한눈에도 매력 있어 보이고 이런 구조가 비바람에 더 강하다. 하지만 유효면적이 좁아서, 한여름 폭우가 쏟아질 때, 캠핑 인원수가 많을 때 취약하다.

타프의 구성품

타프를 구매하면 폴, 펙, 스트링 등 부속품이 모두 들어 있는 제품이 있는가 하면, 타프 스킨, 폴 등을 따로 구매해야 하는 경우도 있다.

타프 스킨

원단을 따져보고 고른다. 내수압이 얼마인지, 발수성은 뛰어난지, 코팅은 제대로 되어 있는지 등을 점검한다. 제조사에서 이런 수치 정보를 제공하고는 있지만 보통 사람들이 그것만 보고서 성능을 가늠하기는 어렵다. 일반적인 기준만 알아두고 가격, 모양, 크기, 브랜드 등을 따져 고르자. 내수압은 보통 3,000밀리미터면 충분하다. 5,000밀리미터까지 끌어올린 제품도 출시되고 있다.
타프를 설치했을 때 땅을 향하는 안쪽에는 PU코팅(폴리우레탄 코팅), 하늘을 향하는 바깥쪽에는 자외선을 차단하는 UV코팅과 함께 비를 맞았을 때 투습되지 않도록 발수가공을 한다.

폴

알루미늄 또는 철로 만든 제품을 주로 사용한다. 타프용 폴은 상황에 따라 높이 조절이 가능한 조립식이다. 높이를 낮춰야 할 때는 폴의 일부를 제거할 수 있다. 땅바닥에다 긴 막대(폴)를 세우고 거기에 천(타프 스킨)을 걸치는 식이다. 구조 자체가 안정감이 없다는 의미다. 따라서 폴을 받쳐주는 스트링과 펙의 역할이 매우 중요하다.

펙

튼튼한 펙이 없으면 타프는 한순간에 무너진다. 타프 아래에 거실 공간이며 주방 공간이 있을 텐데, 펙이 튼실하지 못하다면 캠핑 사이트는 엉망이 되고 만다. 타프 펙은 그래서 중요하다. 타프에 끼워 파는 펙보다는 30~40센티미터짜리 단조 펙을 추천한다.

스트링

직사각형 타프는 어느 정도 정해진 모양새가 있지만 육각형 타프는 창의성을 발휘해 특별한 형태로 설치할 수 있다. 그럴 때 스트링이 필요하다. 펙과 타프 스킨을 연결하는 용도 외에 나뭇가지에 묶거나 텐트와 연결하는 등 다양하게 활용한다. 타프용 스트링은 폴리에스테르 소재로 만든 지름 4밀리미터짜리를 많이 사용한다. 2미터, 4미터, 10미터 종류별로 챙겨 가면 유용하다.

> **⚠ 타프 아래의 화로대, 재앙의 시작**
>
> 타프에서 밥도 해먹고 이야기도 한다고 했다. 그래서 타프 아래에 화로대를 놔두고 캠핑의 낭만을 즐겼는가. 다음날 아침, 지난밤에 미처 보지 못했던 빠끔빠끔한 구멍이 타프에 뚫려 있는 걸 확인하는 순간 낭만이고 뭐고 어젯밤 일이 야속할 뿐이다. 화로대는 타프에서 멀찍이 떨어뜨려 놓는 게 정석이다. 비가 올 때는 어쩔 수 없이 안으로 들여놔야겠지만 이때도 나무장작을 땔 때 불꽃이 높게 일지 않도록 주의한다. 유독 타닥타닥 소리를 내면서 튀는 나무가 있다. 타프 아래에서는 이런 나무를 피하고 숯을 사용하는 게 현명하다.

침구
잠자리가 편해야 캠핑이 즐겁다

캠핑을 시작하는 사람들이 가장 먼저 갖추는 도구는 침낭일 가능성이 높다. 밖에서 밥해 먹고 노는 건 두렵지 않은데, 한뎃잠 잘 생각에 걱정이 앞선다. 그래서 가장 먼저 안심이 되는 잠자리를 마련하고 본다. 편안한 밤을 책임질 잠자리, 어떻게 갖추어야 할까?

침낭

머미형 vs. 봉투형

침낭이 어떻게 생겼느냐에 따라 머미형과 봉투형으로 분류한다. '머미형'이라는 용어는 침낭을 펼친 모양이 'mummy(미라)'를 연상시킨다고 해서 붙은 직관적인 이름이다. 체형과 유사하게 만든 침낭이라 이 안에 쏙 들어가면 발끝부터 머리끝까지 단단하게 고정되는 느낌을 받는다. 몸을 자유롭게 움직일 수 없어서 불편한 대신 사람의 온기가 빠져나가거나 바깥의 찬 공기가 들어오는 것을 최소화한 형태다. 추운 계절에 진가를 발휘한다.

봉투형 침낭

봉투형 또는 사각형 침낭은 머미형보다 대체로 면적이 넓다. 침낭 안에서 비교적 자유롭게 손발을 움직일 수 있다. 봉투형 침낭의 강점은 다양한 형태로 쓸 수 있다는 것인데, 지퍼를 모두 열어 이불처럼 사용할 수도 있고 2개의 침낭을 연결해 어른 둘, 아이 하나가 함께 잘 만한 침구로 쓸 수도 있다. 머미형에 비해 보온성은 떨어지고 부피는 큰 편이다.

한겨울에 캠핑을 떠난다고 해서 고기능성 머미형 침낭을 준비하는 이는 드물다. 전기요, 온수 보일러 같은 난방 장치를 갖추다 보니 침낭은 평소에 쓰던 것이면 충분하다. 침낭 대신 집에서 쓰던 이불만으로도 전혀 문제가 없다는 캠퍼들을 종종 봤다.

머미형 침낭

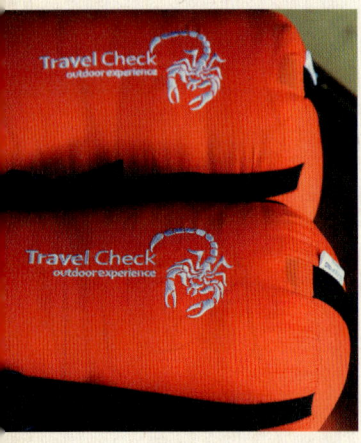

천연소재 vs. 인공소재

누구나 아는 사실이지만, 오리털이나 거위털을 채워 넣은 침낭은 보온성이 뛰어나고 작은 크기로 접히며 가볍고 사용감이 좋다. 단지 너무 비싸서 과연 이 돈을 침낭에 톡 털어 넣어도 될까 의심스럽기는 하지만. 앞서 이야기했듯 침낭의 보온성에 온전히 기대어 동계 캠핑을 하는 이는 거의 없다. 침낭은 보조 난방수단 정도로 성격이 바뀌었으니 배낭 하나 메고 떠나는 산악 캠핑이 아니라면 값비싼 침낭을 고집할 필요는 없다. 천연소재의 특성상 관리가 까다롭다는 점도 구매 전 신중하게 따져봐야 하는 요소다. 사람의 몸 냄새가 소재에 배서 쓸 때마다 역한 기분이 들거나, 관리를 제대로 하지 못해 보온성이 떨어질 수도 있다.

화학섬유가 충전재인 침낭은 비교적 저렴한 편이다. 젖었을 때 빨리 마르고 물세탁도 쉽게 할 수 있어 관리하는 데 큰 어려움은 없다. 천연소재로 만든 침낭에 비해 아쉬운 점은 무엇보다도 부피다. 침낭 4개만 해도 벌써 한 짐이니 콤팩트하게 접히는 천연소재에 눈을 돌리게 되는 것. 인공소재가 날로 발달해 둘 사이의 격차가 줄어들고 있다는 반길 만한 소식을 함께 전한다.

이너 매트

발포 매트

텐트 바닥과 침낭 사이에 얇은 매트 하나만 있으면 땅에서 올라오는 냉기를 효과적으로 차단할 수 있다. 가장 싸고 쉽게 구할 수 있는 것이 발포 매트다. 텐트 제조사에서 각 텐트에 맞는 전용 매트를 발매하는데 값이 상당히 비쌀 뿐더러 가격 대비 성능은 만족스럽지 않다. 텐트의 바닥 면적과 딱 맞아 떨어지는 발포 매트를 구할 수는 없고, 각자 사정에 맞춰 2개를 붙여서 쓰거나 매트 일부를 접어서 쓴다. 발포 매트를 미처 사지 못했다면 은박돗자리를 활용해도 된다.

자충식 매트

매트에 부착된 공기구멍을 열어놓으면 자동으로 부풀어 오른다. 부푼 높이는 4~7센티미터까지 다양하다. 보통 1인용 매트가 많은데, 옆면의 벨크로 테이프를 이용하면 여러 개를 이어 붙여 다인용 매트로 확장해서 쓸 수 있다. 텐트에서 잘 때마다 등이 배기는 건 도무지 적응이 안 된다고 불편을 호소하는 이에게 적극 추천하는 아이템. 발포 매트보다 고가이고, 브랜드에 따라 가격 편차가 크다. 몇 번 못 쓰고 형태가 뒤틀렸다거나 공기가 자꾸 빠져나오는 등 하자가 있다는 볼멘소리가 더러 나오는 장비다. 한번 살 때 믿을 만한 제품으로 구매하자.

공기를 빼서 접은 모양.
오른쪽은 자충식 베개

그 밖에 **알아두면** 좋을 **침구**

베개

꼼꼼히 짐을 챙기는 와중에도 베개 같은 건 빠뜨리기 참 쉬운 장비다. 그렇게 중요해 보이지 않지만 막상 없으면 아쉬운 침구. 자충식 매트처럼 자동으로 공기가 들어가는 것, 혹은 입으로 불어서 부풀리는 것을 많이 사용한다. 공기를 빼면 손바닥만 하게 접히니 가지고 다니기 쉽고 침낭 또는 매트와 함께 보관하면 빠뜨릴 염려도 적다. 베개를 준비하지 않았다면 도톰한 수건이나 면 티셔츠를 돌돌 말아 쓴다.

야전침대

의외로 굉장히 쾌적한 잠자리다. 침대 생활에 익숙하다 보니 바닥보다는 야전침대가 오히려 편하다는 이들이 많다. 여름철에는 셸터형 거실 텐트 안에 따로 돔 텐트를 치지 않고 야전침대만 놓는 식으로 사이트를 구성하기도 한다. 침실을 꾸리는 과정이 이보다 간편할 수 없다. 바닥이 고르지 못한 지형에서 특히 발군이다. 다만 텐트 천장이 낮은 경우에는 다소 답답하게 느껴질 수 있다.

랜턴

불빛 없이는 초라한 캠핑 사이트. 랜턴은 충분히

랜턴은 충분히 많아도 괜찮다. 종류별로 하나씩 있어도 저마다 쓰임이 있겠다고 생각한 유일한 장비가 랜턴이다. 5~6시만 되어도 어스름이 밀려오는 캠핑장에서의 안전 장비, 깜깜한 숲속에서 아름다운 캠핑의 밤을 즐기기 위한 낭만 장비, 나의 캠핑 사이트를 더욱 돋보이게 하는 훌륭한 소품. 이 작은 장비가 꽤 여러 역할을 척척 도맡아 한다. 랜턴은 종류가 많아서, 연료에 따라 크게 세 종류로 나누어보았다. 밝기, 조작 편이성 지수를 별점(1~3개)으로 매겼다.

가솔린 랜턴

밝기 ★★★ | **편이성** ★ | **용도** 캠핑 사이트 전체를 밝히는 주조명

화이트가솔린을 연료로 사용하는 랜턴이다. 고도로 정제된 연료로, 자동차에 넣는 무연휘발유보다 훨씬 깨끗하다. 무연휘발유를 랜턴에 넣어 사용하면 연료가 연소하면서 그을음이 생기는 등 랜턴이 상하지만 화이트가솔린은 불순물이 적어 이러한 우려가 없다.

연료 탱크를 80퍼센트가량 채우고 뻑뻑한 느낌이 들 때까지 50~60회 펌프질한다. 맨틀(mantle, 랜턴의 심지)을 고르게 태워준 후 점화장치를 이용해 불을 켠다. 자동점화장치가 없는 경우도 더러 있다. 불이 사그라질 때 다시 펌프질하면 내부 압력이 높아져 불빛이 밝아진다. 가장 대표적인 제품은 콜맨의 노스스타.

높이가 사람 키만 한 랜턴 스탠드에 걸어놓고 사용한다. 캠핑 사이트의 주조명으로 쓰기에 적합한 랜턴이다. 가장 밝고 지속력이 뛰어나기 때문이다.

액화석유가스(LPG) 랜턴

밝기 ★★ | **편이성** ★★ | **용도** 테이블 위, 주방 공간에 걸어놓는 보조조명

LPG와 연결해서 쓰는 랜턴이다. 가솔린 랜턴보다 연료 휴대성이 좋고(한 손에 잡히는 소형 가스) 조작도 간단하다. 초보자들에게 안성맞춤. 단, 바깥 온도가 얼마나 떨어지느냐에 따라 적합한 가스 연료를 선택한다. 프로판가스는 비점이 -42도로 극한의 상황에서도 불을 밝힐 수 있는 연료다. 오토캠퍼들이 주로 사용하는 이소부탄가스는 비점이 -12도 정도. 혹한이 아니고서는 쉽게 점화된다. 그 밖에 보통 부탄가스는 영하의 온도에서는 불이 붙지 않는다.

테이블에 올려놓는 용도, 혹은 주방 조명으로 적합하다. 지나치게 밝은 조명을 테이블이나 주방에 올려두면 음식을 만들거나 식사하는 도중에 날벌레의 방해를 받을 수도 있다. 리빙 공간에서는 상황에 따라 조명의 위치를 바꾸곤 하는데, 연료가 출렁거리는 게 느껴지는 가솔린 랜턴보다 LPG 랜턴을 들고 옮기는 게 좀더 수월하다.

건전지 랜턴

밝기 ★ | **편이성** ★★★ | **용도** 실내용, 휴대용 보조조명

밝고 든든한 주조명이 있는데 건전지 랜턴까지 준비해야 할까 싶지만, 막상 없으면 굉장히 아쉬운 장비다. 건전지를 끼워 넣고 스위치만 올리면 불이 들어오니 아이들도 조작할 수 있다. 게다가 기름을 넣거나 가스를 연결할 경황이 없는 위급한 상황에서도 발군의 성능을 발휘한다. 야밤에 화장실에 갈 때나 텐트 안에서 뭔가를 찾을 때도 요긴하다. 이너 텐트 등 다소 좁고 밀폐된 공간에서 쓰기 위한 랜턴의 첫 번째 조건은 안전성인데, 이를 충족시키는 장비다. 앞서 소개한 가솔린 랜턴이나 LPG 랜턴은 아무리 안전에 주의한다 해도 적합하지 않다. 다만 건전지 랜턴만으로는 충분한 빛이 확보되지 않고 운치가 떨어지는 단점이 있어 보조조명 기능에 만족해야 한다. 건전지 랜턴의 단점을 보완한 LED 랜턴이 출시되기도 했다.

그 밖의 조명 기구

헤드 랜턴

광부처럼 이마에 등을 하나씩 달고 있는 아빠들을 심심찮게 볼 수 있다. 헤드 랜턴은 없을 때는 효용가치를 잘 모를 법하지만(게다가 이마에 불을 달고 다니는 것을 썩 내키지 않아 하는 이도 많다!), 막상 사용해 보면 굉장히 편리하다. 특히 한밤에 장비를 설치할 때 헤드 랜턴이 있으면 일이 훨씬 수월하고 빠르게 마무리된다.

전기 전등(작업등)

전기가 들어오는 캠핑장이 많다 보니 전기 전등을 많이들 쓴다. 가장 흔하게 사용하는 작업등은 값이 싸고(1만 원 내외) 크기가 작아 하나쯤 구비해놓으면 언제든 꺼내 쓸 만한 장비다. 백열전구를 사용하는 터라 인공적이고 차가운 빛을 뿜어내지만, 편이성은 그 어떤 조명기구보다 뛰어나다.

테이블 및 의자
여유로운 캠핑을 완성시킨다

돗자리를 펼치고 앉아 좌식 생활을 했던 과거의 캠핑과 비교해 지금의 오토캠핑이 달라진 점을 꼽자면 테이블과 의자를 가지고 다니며 입식 생활을 한다는 점이 아닐까 싶다. 야외에서 편안한 의자에 기대어 앉아 여유로운 한때를 보내는 풍경에 대한 동경으로 캠핑을 시작한 이들이 많을 터. 캠핑장에서의 여유로움을 완성시키는 테이블과 의자에 대해 알아본다.

테이블

밥을 먹을 때는 식탁으로, 평소에는 탁자의 용도로 사용한다. 상판의 재질은 알루미늄, 알루미늄 코팅, 합판, 원목, 대나무 등으로 나뉜다. 프레임과 다리는 알루미늄이 일반적이다.

폴딩 테이블
크기에 따라 상판이 두 부분으로 나뉜 2폴딩 테이블, 세 부분으로 나뉜 3폴딩 테이블, 네 부분으로 나뉜 4폴딩 테이블이 있다. 테이블 중간에 투 버너 스토브나 바비큐그릴을 설치할 수 있는 '3폴딩 바비큐 테이블'이 인기가 높다. 가족 구성원과 용도에 따라 적합한 사이즈를 선택한다.

피크닉 테이블
테이블과 의자가 함께 있는 피크닉 테이블이다. 테이블 속에 의자를 넣을 수 있어 수납 면에서 탁월하다. 의자는 제품에 따라 2~4개가 포함된다. 단, 의자에 등받이가 없어 별도의 의자를 따로 가지고 다니는 이들이 대부분이다.

원액션 로우 테이블

상판을 한 번에 펼치고 접을 수 있는 테이블이다. 접힌 2개의 상판을 펼치면 'X' 자 모양의 다리가 나타난다. 테이블 높이가 40센티미터인데 로우 스타일(Low Style)이 유행하면서 선풍적인 인기를 끌고 있다. 인원이 많다면 원액션 로우 테이블을 2~3개 붙여서 사용하면 된다.

의자

식사를 하거나 책을 읽거나 이야기를 할 때 사용하는 의자는 캠핑장에서 중요한 역할을 한다. 릴랙스 체어에서는 달콤한 낮잠을 즐겨보자. 가족 구성원 수대로 의자를 가지고 다니는 게 기본으로, 손님을 위해 여분의 의자를 구비하기도 한다.

릴랙스 체어

'릴랙스 체어'란 이름은 콜맨사의 제품명인데, 등받이가 뒤로 경사지게 넘어간 의자의 대명사로 자리 잡았다. 기대어 앉아 휴식을 취하기에 더할 나위 없이 좋은 게 바로 릴랙스 체어다. 제조사에 따라 등받이 경사 정도나 등받이 높이가 다르므로 직접 앉아보고 가장 안락한 의자를 선택한다.

캡틴 체어

등받이가 직각으로 된 의자다. 기대어 앉기에는 다소 불편하기 때문에 릴랙스 체어보다는 선호도가 낮다.

로우 체어

캡틴 체어와 모양이 비슷하다. 의자 시트 높이가 28센티미터 정도로 테이블 높이가 40센티미터인 원액션 로우 테이블과 매치시켜서 사용하기에 적합하다.

미니 체어

화로대 의자나 간이 의자로 불린다. 캠퍼들이 보통 4개 정도는 가지고 다니는 미니 체어는 활용도가 무궁무진하다. 화로대에 모여 앉을 때는 물론 손님이 왔을 때 접대용 의자로도 사용할 수 있다. 쿨러나 수납 가방 등을 올려놓을 때 사용하면 바닥에 흙이 묻지 않고 물건을 꺼내고 넣기도 훨씬 쉽다. 스피커 같은 소형 전자제품을 올려놓는 용도로도 훌륭하다.

> **❗ IGT가 뭘까?**
>
> 사용자의 편의에 따라 테이블의 높낮이나 상판의 크기 등 레이아웃을 자유롭게 바꿀 수 있는 테이블을 'IGT(Iron Grill Table, 아이언그릴테이블)'이라고 한다. IGT라는 이름은 스노우피크사의 제품명에서 유래됐다. 스토브를 설치할 수 있는 기본 사각 테이블에 'ㄱ'자 또는 'ㄷ'자로 상판을 붙여서 다양하게 확장할 수 있다. 상판이 대나무나 원목으로 만들어져 무겁기 때문에 운반이 힘들고 기본 사각 테이블의 부피가 커서 수납이 힘들다는 단점이 있다.

키친
맛있는 요리가 탄생하는 공간

캠핑의 즐거움 중 하나가 바로 요리다. 같은 음식이라고 해도 야외에서 해먹는 요리는 그야말로 꿀맛이다. 스토브 하나와 코펠만 가지고 다녔던 과거와 달리 요즘은 집의 주방을 그대로 옮겨놓은 것같이 다양한 키친 용품이 즐비하다. 구수한 밥 짓는 냄새와 보글보글 찌개 끓는 소리가 끊이지 않는 키친으로 안내한다.

키친 구성

스토브
요리를 할 때 불을 빼놓을 수 없다. 흔히 버너(burner)라고 알고 있으나 캠핑에 사용하기 편하게 휴대용으로 제작된 것은 스토브(stove)다. 버너는 화구를 뜻하는데 화구가 1개인 스토브와 2개인 스토브가 있다. 이 중 화구가 2개인 '투 버너 스토브(two-burner stove)'가 가장 대중적으로 사랑받고 있다. 화구가 하나인 스토브는 보조용으로 사용한다. 연료에 따라 가스 스토브, 가솔린 스토브로 나뉜다.

키친 테이블
쉽게 말해 싱크대라고 생각하면 된다. 일반 테이블과 달리 스토브 거치대가 있다. 음식 재료를 다듬고 손질할 수 있는 조리대는 코펠이나 양념통, 도마, 칼 등을 올려놓을 수 있는 공간이다. 조리에 필요한 국자, 가위 등을 걸어놓을 수 있는 조리도구 거치대, 식기를 수납할 수 있는 수납 그물, 야간에 요리할 때 필요한 랜턴 걸이 등이 딸려 있다.

코펠

냄비, 프라이팬, 접시, 밥그릇을 휴대하기 좋게 포개놓은 식기다. 재질에 따라 알루미늄, 스테인리스, 티타늄 등이 있다. 가벼우면서도 강도가 뛰어난 티타늄 제품은 원래 등산용으로 고안된 것으로 비싼 가격에도 불구하고 인기를 더하고 있다.

식기류

코펠에 딸린 접시나 밥그릇만으로는 아무래도 부족하다. 접시나 밥그릇은 물론 국그릇이나 종지까지 갖춘 식기 세트는 대부분의 캠퍼들이 구비하는 아이템이다. 오토캠핑용으로는 스테인리스 재질이 널리 사용되며, 4인 가족을 기준으로 했을 때 밥그릇, 국그릇, 면그릇, 접시, 종지 등 20개를 갖춘 제품을 고르면 적당하다.

있으면 편리한 키친 용품

수저 세트

일회용 숟가락이나 나무젓가락 대신 휴대가 간편한 캠핑용 수저 세트를 준비하자. 숟가락, 포크, 또는 젓가락이 포함된 수저 세트는 1인용을 비롯해 4인용도 있다. 포크보다는 젓가락이 포함된 수저 세트가 더 편리하다.

조리도구

국자나 주걱 등이 코펠에 딸려 있지만 기능이 떨어지므로 별도로 구입하는 게 좋다. 칼과 도마도 필수 중에 필수다. 도마 안에 칼이 들어가 있는 칼도마 세트가 인기 있다. 집게와 가위는 고기를 구울 때는 물론이고 여러모로 요긴하게 사용되니 구비하는 것이 좋다.

양념통
간장, 소금, 고춧가루, 식용유, 참기름 등 양념을 조금씩 덜어서 가지고 다닐 수 있는 캠핑용 양념통 세트를 구입하거나 약병이나 작은 유리병 등을 활용하여 나만의 양념통을 꾸려서 가지고 다녀도 무방하다.

쿨러(아이스박스)
더운 날씨에 상하기 쉬운 음식을 보관하는 쿨러는 사시사철 사용된다. 여름철이 아니라도 시원한 음료수나 맥주는 빠질 수 없기 때문. 보냉성이 좋지만 부피가 크고 무거운 하드형과 하드형에 비해 보냉성은 떨어지지만 휴대가 용이한 소프트형이 있다.

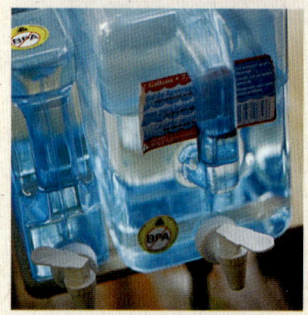

물통
물통에 물을 담아놓으면 번거롭게 식수대까지 갈 필요가 없어 캠핑하는 내내 편리하다. 캠핑장 물은 대부분 식수로 사용해도 무방하다. 식수는 물론 음식을 하거나 음식 재료 또는 손을 씻을 때 사용한다.

설거지통
캠핑을 하다보면 한 끼만 해먹어도 접시, 밥그릇, 컵 등 꽤 많은 설거지 거리가 나온다. 이들을 개수대까지 마땅히 담아갈 곳이 없을 때 설거지통이 있다면 걱정 없다. 설거지통에는 대부분 세제와 수세미를 넣을 수 있는 포켓도 딸려 있다.

건조대
설거지를 끝낸 젖은 식기는 메시(mesh) 소재의 건조대에 보관하면 빨리 마른다. 3층 또는 4층으로 된 건조대에는 층층이 꽤 많은 그릇을 수납할 수 있다.

⚠ 가스 스토브와 가솔린 스토브 중 어떤 게 좋을까?

연료 휴대가 간편하고 손쉽게 가스용기와 결합할 수 있는 가스 스토브가 많이 사용된다. 자동점화가 가능하고 화력을 조절할 수 있어 편리하다. 단 바람에 약하고, 부탄가스의 경우 추운 날씨에서는 무용지물이다. 겨울철에는 대안으로 이소부탄가스를 사용할 수 있다. 가솔린 스토브는 강한 화력이 큰 장점으로, 겨울철에 위력을 발휘한다. 하지만 휘발성이 강하기 때문에 사용 시 항상 안전에 유의해야 한다.

화로대

화로에 모여 앉아 깊어가는 캠핑장의 밤

화로대는 고기를 굽거나 요리를 하는 데 사용한다. 화로대에 장작불을 피워두면 캠핑장의 운치를 더할 수 있다. 화로대에 옹기종기 모여 앉아 타닥타닥 타들어가는 장작불을 보며 이야기를 나누다보면 어느새 시간 가는 줄 모른다는 것이 매력. 추운 겨울에는 화로대에서 전해지는 온기만으로도 몸이 금세 따뜻해진다.

종류

역삼각형 타입 화로대

가장 일반적인 형태의 화로대다. 스노우피크와 코베아 등 브랜드의 제품이 있다. 열과 장작 무게에도 끄떡없는 두꺼운 스테인리스스틸로 만들어져 있다. 직화구이용 그릴, 화로 안에 설치해서 불꽃을 잘 피울 수 있도록 도와주는 숯불받이와 사용 후 재를 손쉽게 청소할 수 있는 화로 받침대 등 부대장비가 있는지 확인하고 구입하도록 하자. 특히 그릴은 같은 회사의 제품을 사용해야 높낮이를 조절할 수 있어 편리하다.

사각형 타입 화로대

장작을 층층이 쌓아둔 형태로 되어 있어 '파이어 플레이스 타입'으로도 불린다. 콜맨에서 가장 먼저 상품화시킨 타입이지만 요즘은 비슷한 형태로 다양한 브랜드에서 생산하고 있다. 층층이 공기 유입이 되어 장작이 잘 타는 반면 많은 장작이 필요하다는 단점이 있다.

미니 화로대

캠핑 입문자가 사용하기에 적합한 화로대다. 가격이 저렴할 뿐만 아니라 무게도 가볍다. 일반 화로대에 비해 내구성이 떨어지는 것이 사실이지만 잘 다루기만 한다면 꽤 오래 사용할 수 있다.

화로대 액세서리

토치

장작불을 피울 때 꼭 필요한 아이템. 토치 없이 장작불에 불을 붙이기란 여간 힘든 일이 아니다. 막대형 가스용기가 널리 사용된다. 자동점화되는 제품을 고르도록 하자.

집게

장작의 위치를 조정할 때 필요하다. 고기를 구워 먹을 때 사용하는 집게는 집에서 사용하는 사이즈면 적당하지만, 화로대용으로는 보다 긴 것을 사용해야 화상을 방지할 수 있다. 40~50센티미터가 적당하다.

화로대 테이블

화로대에서 직화구이를 해먹을 때 다 익은 고기나 반찬, 채소를 올려놓기에 편리하다. 화로대 테이블 구입이 부담된다면 사이드 테이블을 이용해도 무방하다.

바비큐그릴과 더치오븐
캠핑 요리의 화룡점정

캠핑을 시작한 지 얼마 지나지 않았을 때에는 화로대에 직화구이를 해 먹는 것만으로도 충분히 만족스럽다. 하지만 캠핑 횟수가 거듭될수록 '뭔가 특별한 요리가 없을까' 하는 고민에 빠지게 된다. 바비큐그릴과 더치오븐은 본격적인 바비큐 요리를 즐길 수 있는 용품이다. 더치오븐은 바비큐 요리는 물론 삶고 끓이고 튀기는 등 다양한 요리를 할 수 있어 캠핑 고수들의 사랑을 한 몸에 받고 있다.

바비큐그릴

직화구이는 물론 비어캔치킨이나 바비큐립 같은 간접구이가 가능하다. 웨버나 댄쿡 같은 외국 브랜드 제품이 대부분으로, 원 모양과 직사각형 모양이 있다. 사이즈도 다양한데 너무 큰 사이즈는 수납하기 어렵다는 점을 고려하여 구입하도록 하자.

테이블형
테이블에 올려놓고 사용하는 타입이다. 직사각형 모양이 대부분으로 아담한 사이즈 위주의 제품을 주로 선보인다.

스탠드형
바비큐그릴에 다리가 달려 있어 테이블이 없어도 단독으로 사용 가능하다. 테이블형에 비해 큰 사이즈도 많이 찾아볼 수 있다. 다리는 분리할 수 있어 수납 시 용이하다.

더치오븐

더치오븐(Dutch Oven)이라는 이름은 미국 서부개척시대에 네덜란드 이민자가 들여와 붙여진 이름이다. 더치오븐 요리책이 있을 정도로 다양한 요리를 할 수 있다. 무거운 주철로 만들어져 여자보다는 남자에게 많은 사랑을 받고 있다. 더치오븐은 손질과 보관이 매우 까다로운 요리 기구다. 더치오븐을 구입한 후 음식이 눌어붙거나 녹스는 것을 방지하기 위해 기름을 입혀주는 '시즈닝' 작업을 해야 하는가 하면, 기름 코팅이 벗겨지지 않도록 설거지도 세제 없이 해야 한다. 보관할 때도 녹이 슬지 않도록 각별한 주의가 필요하다.

더치오븐 액세서리

오븐 걸이
화로대 위에 더치오븐을 걸고 사용할 때 필요한 장비다. 더치오븐을 연결하는 고리가 포함되어 있다. 더치오븐의 무게에 따라 오븐 걸이의 다리 두께를 고려하여 고르는 것이 요령이다. 더치오븐 무게에 맞지 않는 오븐 걸이를 고르면 무게를 견디지 못하고 다리가 휘어질 수 있다.

뚜껑 핸들
더치오븐은 뚜껑조차도 무척 무겁다. 무거운 데다가 뜨겁기까지 한 뚜껑을 잘못 들면 자칫 위험할 수 있다. 전용 뚜껑 핸들을 이용하면 이런 걱정을 덜 수 있다.

스테인리스 받침대
더치오븐 안에 설치하여 음식물을 올려놓고 조리하면 음식물이 바닥에 들러붙는 것을 방지할 수 있다. 또한 고기를 간접구이 할 때 받침대 아래로 기름이 빠져서 담백한 요리를 즐길 수 있다.

연료 및 기타 액세서리

참숯

화로대를 비롯해 그릴에서 일반적으로 사용된다. 열량이 높아 직화구이에 주로 이용한다. 참숯을 이용하면 고기에 은은한 참숯 향이 배어 풍미를 더해준다. 단, 불을 붙이기 어렵다는 단점이 있다.

차콜(브리케트)

목재와 종이 제조 과정에서 남은 부산물과 잘게 부순 숯을 압축하여 달걀 크기로 만든 것이다. 참숯보다 열량이 낮지만 일정한 열량을 방출하여 간접구이를 할 때 주로 이용한다. 온도 조절을 위해 더치오븐 뚜껑에 올려서 사용하기도 한다. 야자 껍질로 만든 친환경 차콜도 있다.

점화숯(번개탄)

톱밥 등을 재활용하여 연탄 모양으로 만든 숯이다. 직·간접구이에 두루두루 사용된다. 표면에 착화제를 접착하여 토치 없이 라이터를 이용해서 손쉽게 점화할 수 있다.

차콜 스타터

토치를 이용하여 차콜에 불을 붙이면 시간도 꽤 걸릴 뿐더러 연기 때문에 눈이 맵다. 쇠바구니에 차콜을 넣은 후 스토브에 올려 손쉽게 불을 붙일 수 있는 차콜 스타터를 이용하면 이러한 고민이 단번에 해결된다.

온도계

바비큐그릴이나 더치오븐으로 간접구이를 하면 고기가 익었는지 여부를 알기가 쉽지 않다. 바비큐용 온도계를 고기에 찔러 넣어 고기 내부의 온도를 확인하면 고기가 익은 정도를 체크할 수 있다. 바비큐그릴 뚜껑에 꽂아 내부 온도를 확인할 수 있는 온도계도 있다.

동계 캠핑 장비
많은 준비가 필요하지만 그만한 가치가 있다

요즘은 봄에서 가을은 물론 겨울까지 사시사철 캠핑을 즐기는 추세다. 캠핑장을 찾는 이가 다른 계절에 비해 적어 여유로운 캠핑을 만끽할 수 있다는 것이 동계 캠핑의 매력이 아닐까. 무엇보다도 눈이 쌓인 캠핑장의 정취는 추운 날씨에도 캠핑장을 찾게 하기에 충분하다. 봄부터 가을까지는 고만고만한 장비로도 캠핑을 할 수 있지만 겨울에 캠핑을 즐기기 위해서는 난로나 전기요 같은 동계 캠핑 장비를 철저히 갖춰야 한다.

난로

동계 캠핑 장비의 기본이라 할 수 있다. 등유 난로가 가장 많이 사용되며, 겨울 캠핑의 운치를 더해주는 화목 난로를 사용하는 캠퍼도 증가하고 있다. 전기 난로는 부피가 작고 가벼워 간편한 반면 발열량이 낮아 보조용으로 사용된다.

등유 난로
국내 브랜드인 파세코와 태서 제품이 인기를 끌고 있다. 해외 브랜드로는 토요토미 난로가 있다. 구입 시 발열량과 연료 소모량을 확인한다. 점화나 소화할 때 그을음과 냄새가 발생하기 때문에 이때는 반드시 외부에서 처리하도록 한다.

화목 난로
겨울철 캠핑장에서는 연통 밖으로 김이 모락모락 나는 풍경이 곳곳에서 눈에 띈다. 스테인리스로 만든 난로에 연통을 부착해 사용하는 화목 난로가 그 주인공이다. 장작을 연료로 사용하는데 적은 양으로도 거실 텐트 안이 놀랄 만큼 따뜻해진다. 하지만 가격이 비싸고 수납공간을 많이 차지해서 초보자가 이용하기에는 무리가 따른다.

그 밖의 난방 장비

전기요

캠핑장에서 전기 사용이 가능하다면 전기요만 한 난방 장비가 없다. 휴대가 간편하고 가격도 저렴하다. 전기요 위에 침낭을 깔면 한겨울에도 따뜻하게 잘 수 있다. 안전을 위해 규정 온도 이상 과열되면 전기가 자동으로 차단되는 제품을 고르도록 한다. 전력 사용량이 크기 때문에 사용하지 않을 때는 반드시 전원을 꺼둔다.

온수 보일러

캠핑장에서 전기 사용이 불가능할 때 전기요 대신 사용할 수 있다. 온수 보일러는 전기요보다 따뜻하고 전기요와 달리 전자파 걱정도 없다. 온수 파이프가 내장된 매트와 온수 보일러를 세트로 구입할 수 있다. 원리가 단순해 직접 만드는 캠퍼도 많다.

탕파(유단포) 및 핫팩

금속으로 된 통에 뜨거운 물을 담아 사용하는 탕파는 전기요나 온수 보일러가 없을 때 꽤 요긴하다. 침낭 안에 넣어두면 침낭 안을 따뜻하게 유지할 수 있다. 탕파 대신 병원에서 사용하는 고무로 된 핫팩도 유용하다. 몸에 붙이는 핫팩도 추천한다. 배나 발바닥에 붙이면 옷을 여러 겹 껴입은 것처럼 몸이 따뜻해진다.

> **① 동계 장비는 무엇보다도 안전!**
>
> 동계 장비 사용 시 안전에 각별히 유의해야 한다. 먼저 텐트 내부에서 등유 난로를 사용할 때는 반드시 두 곳 정도를 개방해서 환기 해야 한다. 환기를 하지 않고 잠들었다가는 산소 부족으로 질식할 수 있다. 화목 난로는 화상에 노출되기 쉬워 특히 아이들을 동반한다면 각별히 주의해야 한다. 등유 난로와 화목 난로 모두 텐트 천 등 인화성 물질과 안전거리를 확보하여 설치한다. 탕파 및 핫팩을 이용할 때는 전용 주머니나 타월로 감싸서 맨살에 직접 닿지 않도록 한다. 자칫하면 저온 화상을 입을 수 있다.

그 외 장비
없어도 무방하지만 있으면 편리한 장비들

장비가 단출했던 과거와 달리 장비가 기하급수적으로 늘었음에도 캠퍼들의 욕심은 끝이 없다. 집에서와 같은 편리함을 추구하기보다는 적당한 불편함을 감수하는 것도 캠핑의 묘미일 터. 자신에게 꼭 필요한 장비만 구입해서 가지고 다니는 것이 현명하다.

망치
텐트와 타프를 고정시키는 펙을 박거나 뺄 때 필요한 망치는 필수 장비라고 할 수 있다. 간혹 돌을 사용하는 이들도 있지만 부상을 입을 수 있으므로 망치를 사용할 것을 권한다. 겨울철 딱딱하게 언 땅에 펙을 박다보면 망치가 망가지는 일이 종종 일어나므로 집에서 못을 박을 때 사용하는 망치보다는 견고한 캠핑용으로 구입해서 가지고 다니도록 하자.

야전삽
울퉁불퉁한 바닥을 고르거나 비가 올 때를 대비하여 배수로를 팔 때 사용한다. 캠핑용으로 판매되는 야전삽은 대개 접이식이다.

ⓒ이원택

도끼
캠핑장 인근에서 나뭇가지를 주워 화로대에 사용하기 좋은 크기로 자를 때 도끼가 있으면 요긴하다. 일정한 크기로 잘린 장작을 구입했다고 해도 도끼로 2등분 또는 4등분 해서 사용하는 경우가 대부분이다.

릴선
휴대전화를 충전할 때, 스피커로 음악을 듣거나 노트북으로 영화를 볼 때, 겨울에 전기요를 사용할 때 등 캠핑장에서는 은근히 전기가 필요한 경우가 많다. 최근에 조성된 캠핑장은 전기를 사용할 수 있도록 배선판을 설치하는 곳이 대부분이다. 길이에 따라 30~50미터의 릴선이 있는데 캠핑장 곳곳에 배선판이 있어 30미터로도 충분하다. 릴선에는 콘센트가 2개뿐이므로 다양한 전기용품을 사용하고자 한다면 멀티 콘센트도 챙기도록 한다.

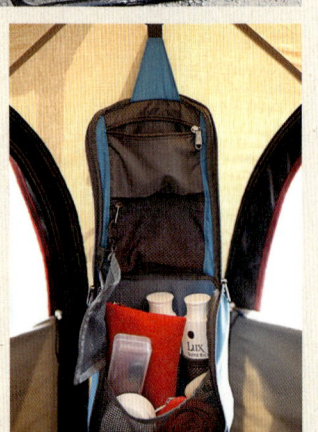

세면용품 가방
치약, 칫솔, 비누, 샴푸, 수건 등 세면용품을 한꺼번에 수납할 수 있는 가방이다. 고리를 이용해서 텐트에 걸어두면 간편하게 필요한 용품을 꺼내 쓸 수 있다. 세면용품은 보통 여기저기 두게 되어 분실하기 쉬운데 세면용품 가방이 있으면 그런 염려를 덜 수 있다. 2인용, 4인용 사이즈가 있으며, 컬러도 다양하다. 가격도 1~2만 원 내외로 부담 없이 구입할 수 있다.

해먹
아이들이 있는 가족 캠퍼라면 누구나 하나쯤 보유하고 있는 장비다. 아이들이 그네처럼 타고 놀 수도 있고 어른들도 누워서 낮잠을 자거나 책을 읽을 수 있어 인기 만점이다. 재질에 따라 천 해먹과 그물 해먹이 있는데 사시사철 이용할 수 있는 천 해먹을 추천한다. 전용 로프를 함께 구입해서 2개의 나무에 단단하게 고정하여 사용한다. 캠핑 사이트를 구축할 때 해먹을 설치할 수 있는 나무가 있는지 먼저 살펴보도록 하자.

스피커

캠핑장에서 음악은 분위기를 한층 업그레이드해주는 역할을 톡톡히 한다. 휴대가 간편한 작은 사이즈의 스피커 중에서 고르면 된다. 휴대전화와 연결할 수 있고 라디오 수신까지 가능하다면 더 좋겠다. 스피커는 1만 원대부터 고가의 전문제품까지 가격이 천차만별이다. 볼륨을 지나치게 크게 하거나 밤늦은 시간까지 음악을 틀어 다른 캠퍼의 눈총을 받는 행동은 삼가도록 하자.

오거나이저 가방

오거나이저(Organizer) 가방은 여분의 펙이나 스트링을 비롯해 야전삽, 망치, 양념통 등 잡다한 소품을 넣을 수 있는 정리함이다. 다양한 크기의 오거나이저 가방을 찾아볼 수 있는데 탈착 가능한 분리망이 있어 필요한 공간만큼 늘이거나 줄일 수 있는 제품이 유용하다.

가족을 위해 캠핑에 나선 아버지들,
모범 가장의 칭호가 아깝지 않은 그대들에게 박수를 보낸다.
도란도란 이야기 나누듯 풀어놓은 착한 아빠의 캠핑담.

01

가족 캠퍼의 품격

정병길

캠핑을 통해 이웃사촌을 만든다

캠퍼 ··· 정병길(닉네임: 하회탈, 43세)
한 줄 talk ··· 가족 캠핑만으로는 2퍼센트 부족할 때 커뮤니티가 해결책이 될 수 있다.
언제부터 ··· 2009년
얼마나 자주 ··· 한 달에 서너 번, 거의 매주
누구와 함께 ··· 네이버 카페 "캠핑퍼스트" 안양·의왕·군포·과천 지역방 멤버들과 함께

　캠퍼들의 70~80퍼센트가 가족끼리 다니는 가족 캠퍼다. 처음 캠핑을 나서면 모든 것이 낯설고 즐겁기만 하다. 침대가 아닌 침낭에서 자는 것도, 소꿉장난하듯 요리를 해먹는 것도, 타닥타닥 타들어가는 장작불을 몇 시간이고 멍하니 바라보는 것도 마냥 재미있다. 하지만 캠핑 1~2년 차만 되어도 매번 같은 패턴이 반복되는 캠핑에서 무언가 부족함을 느끼게 된다. 가족 말고 함께 어울리며 취미를 공유할 수 있는 '캠핑 친구'가 없을까. 이는 부모뿐만 아니라 아이에게도 마찬가지다. 처음에는 집에서는 잘 안 놀아주던 아빠랑 노는 것이 좋았지만 얼마 안 가서 또래 친구를 찾게 된다. 대부분 외동이라 같이 놀 형제가 없어 더더욱 그러할 터. 커뮤니티는 이런 고민에 대한 해결책이 되기에 충분하다. 특히 동질감을 느낄 수 있는 나이별, 지역별 커뮤니티가 성황을 이루고 있다.

　네이버 카페 "캠핑퍼스트"에서 꽤 활발하게 운영되고 있는 지역 커뮤니티인 '안양·의왕·군포·과천 지역방'이 중도 오토캠핑장에 모인다는 정보를 입수하고 중도를 찾았다. 10월의 중도에는 단풍이 예쁘게 물들고 바람결에 하늘거리는 코스모스가 탐스럽게 피어 있었다. 넓디넓은 중도에서 지역방 가족들을 찾는 것은 그리 어렵지 않았다.

"대마왕! 공을 빨리 2루로 던져!"
"아웃!"

캠핑장에서 배드민턴이나 캐치볼을 하는 건 쉽게 볼 수 있었으나 대규모 인원이 모여 야구를 하는 진풍경을 보기란 처음이다. 그것도 1루, 2루, 3루 베이스까지 제대로 갖추고 야구를 하는 아빠들과 아이들의 얼굴은 꽤나 진지했다. 하지만 작은 실수에도 깔깔거리며 연신 즐거운 모습이었다. 심판을 맡고 있는 정병길 씨(닉네임: 하회탈)는 안양·과천 지역방 운영자다. 만나고 보니 닉네임이 왜 하회탈인지 굳이 물어보지 않아도 절로 이해가 됐다. 야구를 할 정도로 꽤 많은 인원이 모였음에 놀라워하자 손사래를 친다.

"오늘은 '정캠(정기 캠핑)'이 아니라 열 가족 정도 모였어요. 1년에 두 번 하는 정캠에는 보통 삼십여 가족이 참가하죠. 소규모로 다니기 편한 정도가 열 가족이라 정캠 외에 이런 규모의 캠핑을 종종 갖곤 해요."

이번 캠핑을 추진한 것은 하회탈인데 정작 그는 혼자 왔다. 그의 안지기(아내)는 시험이 있고, 아이들은 할아버지와 함께 시간을 보내기로 해서 못 왔기 때문이다. 열 살 딸과 여덟 살 아들을 둔 그는 캠핑을 하기 전에는 아이들하고 안 놀아주는 아빠

였지만 캠핑을 다니면서 아이들과의 친밀감이 몰라볼 정도로 좋아졌다.

"아이들이 캠핑장에 와서 자연과 벗 삼아 노니까 좋더군요. 캠핑을 다니기 시작하면서 전보다 잔병치레도 줄었어요. 환절기에 감기도 안 걸리고요."

가족과 보내는 시간이 소중해서 캠핑을 시작한 만큼 처음 6~7개월 동안은 가족끼리만 다녔다. 하지만 어느 시점이 되자 가족끼리 다니는 캠핑에 외로움을 느꼈고, 같은 취미를 가진 사람들과의 교류에 목말랐다고 한다. 그러던 차에 인터넷 카페를 기웃거리다가 지역방 모임에 동참하게 됐다.

"2010년 4월, 해솔마을 캠핑이 첫 지역방 캠핑이었어요. 총 열네 가족이 모였죠. 여러 가족끼리 오는 캠핑은 외동아이를 가진 부모들이 특히 좋아해요. 아이들의 사회성을 길러주는 데에도 도움이 되죠."

아이들은 땅 파고, 뛰고, 벌레를 잡는 등 도심에서는 할 수 없는 놀이를 하며 신나게 어울려 다녔다. 가족끼리 왔을 때는 부모가 항상 아이들과 놀아줘야 했는데 애들끼리 어울려서 노니까 오붓하게 부부만의 시간도 가질 수 있었다. 하지만 부모들의 간섭에서 벗어난 아이들이 어느 순간 모여서 닌텐도 게임만 하는 걸 보고 최근에는 함께 어우러지는 놀이를 하자는 이야기가 나왔다. 야구는 그 첫 번째 놀이다.

"아이들하고 캐치볼 하는 걸 좋아하니까 다 같이 할 수 있는 운동으로 야구를 골랐죠. 오후에는 엄마들과 아이들이 발야구를 할 예정이에요."

연장전까지 가는 접전 끝에 야구가 끝나자 하회탈이 요리를 해주겠다며 나섰다. 그가 오늘 선보일 요리는 창코나베. 창코나베는 일본 스모 선수들이 즐기는 스태미나 음식으로, 커다란 냄비에 제철에 맞는 갖은 재료를 넣어 살짝 익혀 먹는다. 이것을 캠핑 요리로 살짝 변화를 줘서 냄비 말고 더치오븐를 이용한다. 하회탈은 삼각대에 더치오븐을 걸고 재료 손질을 시작했다. 예전에 다른 캠퍼가 가져온 더치오븐을 보고 '뭔가 있어 보여서' 자신도 구입했다고 한다.

"사실 더치오븐은 시즈닝을 제대로 안 하면 녹이 슬어서 손이 많이 가는 요리 도구예요. 시즈닝은 보통 세 번을 해야 하는데 한 번만 하고 튀김을 한 번 해먹으면 말끔하게 해결되죠."

처음 요리를 시작할 때만 해도 우리 셋뿐이었지만 어느새 6~7명이 빙 둘러 앉아 창코나베를 먹고 있었다. 창코나베는 여럿이서 먹기 좋은 요리다. 생각보다 사람이 많아지자 더치오븐에 물을 더 붓고 재료를 넉넉히 넣었다.

캠핑 때문에 요리를 시작했다는 하회탈은 창코나베, 연어 샐러드, 바비큐 등 다양한 요리를 만들어 그의 캠핑 사이트를 찾는 방문객들을 대접한다. 더치오븐 외에 참치 다다키를 만들다가 멋스럽게 그을린 나무판도 그가 아끼는 요리 도구다.

꽤 많았던 창코나베가 어느덧 바닥을 보일 즈음, 적당한 포만감과 함께 살랑살랑 부는 바람이 더할 나위 없는 행복감을 선사했다. 더치오븐을 사이에 두고 모여 앉았던 캠퍼들도 자연스레 자리를 뜨고 한동안 중단됐던 인터뷰가 이어졌다.

"매일 아침이면 지역방 게시판에 들러 출석 체크를 합니다. '출석합니다'라는 제목으로 어제 무슨 일이 있었는지 올리고, '즐거운 하루 보내세요' 같은 간단한 근황을 쓰면 답글이 300개나 달리곤 하죠. 다른 멤버가 글을 쓰면 저도 자연스레 답글을 달아요."

게시판에 가벼운 인사만 오고 가는 것은 아니다. 누군가 의견을 구하면 꽤 진지한 이야기도 오간다. 캠핑을 통해 맺은 인연이지만 일상에서 조언을 주고받는 끈끈한 이웃으로 발전하는 것이다.

"캠핑장에서는 형 동생 해도 온라인에서의 답글은 존대가 기본이에요. 게시판에 올린 글을 보는 사람은 많은데 우리끼리 너무 꽁꽁 묶여서 벽처럼 보이면 다른 사람이 다가오기가 힘들거든요."

커뮤니티에서는 다름에 대한 존중 역시 중요하다. 저 사람의 스타일과 내 스타일이 다른데 지시하려 하거나 이해하려 하지 않으면 힘들어지기 마련이다. 취미생활 모임이기 때문에 아무런 이해관계 없이 기분 좋게 만나야 한다. 유쾌하지 않으면 이 모임의 의미가 없다.

1년에 한두 번 갖는 정캠은 두 달 전에 게시판에 공지해서 참가 신청을 받는다. 정캠 때는 재미있는 이벤트를 마련하려고 노력한다. 지난번에는 양초 만들기, 신발 던지기 게임을 했다. 신발 던지기는 보조의자 위에 설거지통을 올려놓고 그 안에 신발을 넣는 굉장히 단순한 게임이었는데도 호응도가 꽤 높았다.

"연중 이벤트로는 '클캠(크리스마스 캠핑)'이 있어요. 작년 클캠에서는 산타할아버지 복장을 입고 아이들한테 선물을 나눠줬어요. 철저히 분장했는데도 아이들이 이구동성으로 '어, 하회탈 아저씨다'라고 해서 당황했지만요(웃음)."

하회탈은 그가 주최한 정캠이나 소규모 캠핑에 다른 사람들이 와서 놀아주는 게 감사하다. 그는 자신이 커뮤니티를 운영하는 이유가 '제일 한가해서'란다.

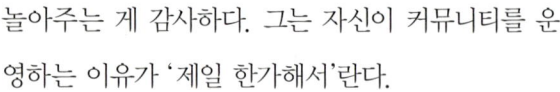

"지금은 제가 운영자 역할을 맡고 있지만 지역방 초기에는 다른 사람이 주도했어요. 저뿐만 아니라 지금 있는 사람들 모두 운영자가 될 수 있죠. 제가 빠지더라도 상관없어요. 자생력이 있는 모임이니 자연스레 굴러가겠죠. 간혹 멤버들이 바뀌는 것도 보여요. 나가고 들어오는 게 자유롭다 보니 소리 소

문 없이 사라지는 사람들도 있는데, 좀더 편하게 있도록 제가 배려했으면 더 오래 머물렀을 텐데 하는 아쉬움도 들어요."

같은 지역 모임이라는 특성상 조개 같은 먹을거리를 사서 집으로 초대하는 등 캠핑장 밖에서도 만나며 모임을 돈독히 한다. 그러다 보니 웬만한 친지들보다도 자주 만난다. 멤버 중 누가 상을 당했을 때도 많이들 오는데 현대적인 두레나 품앗이가 아닐까 싶다.

"요즘은 이웃사촌이 없어요. 같은 아파트에 살아도 목례만 하는 수준이죠. 캠핑을 하면서 내 이웃사촌을 찾았다고나 할까요."

항상 가족 구성원이 모두 참가하는 캠핑만 하는 건 아니다. 아빠들끼리 솔로 캠핑을 갈 때도 있고, 엄마 없이 캠핑을 가기도 한다. 엄마 없이 가는 캠핑은 아빠와 아이가 더 밀접해지는 계기가 된다. 아이들끼리도 친해져서 서로의 안부를 물어보고 안지기들끼리 여행도 간다. 11월에는 안지기들만 제주도 여행을 가는데 그날에 맞춰 아빠들과 아이들은 김장 캠핑을 계획하고 있다.

이쯤에서 커뮤니티에 가입하고 싶어도 기존 멤버들의 관계가 너무 돈독해서 걱정이 되는 사람이 있을지도 모르겠다. 하회탈은 예전에는 처음 온 가족이라고 챙기기도 했지만 요즘에는 특별히 신경을 쓰지 않는다고 했다. 먼저 적극적으로 한 발짝만 다가가면 환대해줄 여러 사람이 기다리고 있다는 점을 강조하면서.

"새롭게 들어온 분들이 적극적으로 나서야 해요. 제가 먼저 다가가는 데는 한계가 있더군요. 별 차이가 아닌 것 같지만 방향성의 차이가 있어요."

신경 써줬다고 해서 오래 있는 것도 아니고, 그 반대도 아니다. 가장 중요한 건 스스로 한 발을 떼는 것이다. 먼저 마음을 열지 않으면 어울리기가 힘들다. 지난 정캠 때부터 참가했다는 신입 회원도 한마디 거든다.

"참여도가 중요한 것 같아요. '왜 이 사람들이 나를 안 챙겨주지?'라고 생각하면 오래갈 수 없어요. 어울리는 것을 두려워하지 않아야 해요. 괜히 튕기고 빼고 그런 거, 전혀 도움이 안 된다니까요."

지난 정캠에서는 신입 회원을 위해 한 가지 룰을 만들었다. 추첨을 통해 캠핑에 참가한 마흔 가족의 사이트 위치를 정한 것이다. 친한 사람들끼리 모여서 사이트를 구축하지 않고 두루두루 친해질 수 있도록 하기 위함이다.

하회탈은 커뮤니티 활동을 한다고 해서 모든 캠핑을 여러 가족과 함께 갈 필요는 없다고 충고한다. 가족끼리 다니는 캠핑의 즐거움이 있고 여러 가족과 어울리는 캠핑의 즐거움이 따로 있다. 가족간 친밀도를 높이기 위해서는 오붓한 캠핑도 필요하므로 가족끼리의 캠핑도 병행했으면 하는 바람이다. 아이들이 중고생이 되면 오토캠핑을 잘 안 따라다니니까 백패킹을 가는 것도 방법이다. 함께 걸으며 평소에 못 나눈 이야기를 하다보면 자녀가 어느새 훌쩍 컸다는 사실에 놀랄지도 모른다. 가족을 더 잘 이해하고, 새로운 이웃사촌을 만날 수 있는 캠핑의 인기는 앞으로도 고공행진을 이어갈 듯싶다.

야전침대

MY FAVORITE
캠핑 사이트 디자인

 "텐트를 4~5개 가지고 있어요. 가족과 올 때는 가장 큰 리빙셸을 사용하는데 오늘같이 혼자 오는 경우에는 작은 리빙셸을 설치합니다. 혼자 자니까 이너 텐트를 설치할 필요 없이 야전침대를 사용하는데 키친과 테이블, 수납장, 오거나이저까지 모두 배치해도 공간에 여유가 있어요. 나무가 우거진 캠핑장에서는 굳이 타프를 치지 않아요. 타프보다는 나무 그늘이 훨씬 훌륭하죠. 단 비가 오지 않는다면 말이죠."

 혼자 오더라도 술자리는 항상 그의 사이트에서 만들어지기 때문에 사람이 많이 모일 수 있는 넓은 공간을 선호한다. 의자는 각자 가져오면 되니까 꼭 여러 개 준비할 필요가 없다고 귀띔한다.

스노우피크 랜드브리즈 리빙쉘 실드

"스노우피크 랜드브리즈 리빙쉘 실드는 스노우피크의 스테디셀러인데, 리빙쉘에 터널을 연결해서 어메니티돔과도 조합이 가능해요. 4~5인용이지만 아내와 아이 둘이 사용하기에는 좀 작더군요. 지금은 혼자 올 때 주로 가지고 다닙니다."

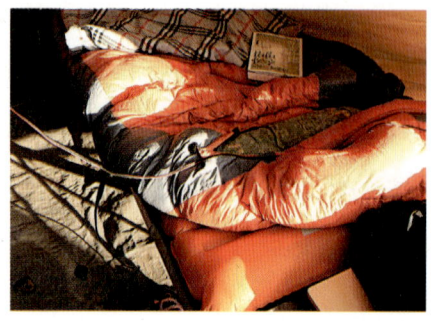

야전침대

"혼자 올 때 가지고 다니려고 샀어요. 혼자 잘 때는 야전침대보다 편한 게 없는 듯해요. 야전침대 위에 침낭만 펴면 잠자리가 해결되니까요."

야전침대를 사용한다면 사이트 바닥에 자갈이나 돌이 있어도 크게 문제되지 않는다. 바닥에서 냉기가 올라오는 것도 걱정할 필요가 없어서 동계 캠핑에서 더욱 유용하다고.

콜맨 폴더블 셀프

"캠핑장에 오면 테이블이랑 키친테이블에 이것저것 많이 늘어놓게 돼요. 뭔가 수납할 공간이 있었으면 좋겠다 하던 차에 콜맨 폴더블 셀프를 구입했어요. 3단으로 되어 있어 식기나 쌀, 라면처럼 아이스박스에 넣을 필요가 없는 식재료를 보관하면 깔끔하더라고요. 상판에도 물건을 올려놓을 수 있어

작지만 수납 공간이 넉넉해요. 펙을 박아 고정할 수 있도록 다리에 링이 부착되어 있는 것도 마음에 들어요."

릴랙스 체어와 미니 체어

몸을 기댈 수 있는 릴랙스 체어는 캠퍼라면 누구나 가지고 있는 아이템이다. 한번 앉으면 일어나기가 귀찮아진다는 게 흠이라면 흠. 하회탈은 스노우피크 릴랙스 체어를 사용한다.

"미니 체어를 여러 개 가지고 다니는데 활용도가 높아요. 화로에 불을 붙일 때는 말할 것도 없고 릴랙스 체어 옆에 두고 테이블처럼 사용할 수도 있어요. 부피를 많이 차지하지 않기 때문에 여벌로 두면 손님이 많이 왔을 때 꽤 유용합니다."

IGT

"IGT는 결합 방식에 따라 넓거나 좁게 쓸 수 있어요. 혼자 캠핑 올 때는 결합 테이블이나 거치대를 쓰지 않고 스토브가 있는 테이블만 들고 다녀요."

MY FAVORITE
캠핑 기어

더치오븐

"더치오븐은 남자들이 쓰기 좋은 요리 기구지요. 남자들이 더치오븐을 쓰는 이유에는 과시욕도 있을 거예요. 더치오븐 요리는 남자들이 해야 해요. 주철로 되어 있어 여자들이 들기에는 너무 무겁거든요. 더치오븐은 12인치가 제일 활용도가 높아요. 롯지 더치오븐 12인치짜리를 사용하고 있어요. 바비큐 외에도 다양한 요리를 할 수 있는데 꽃게철에는 꽃게를 쪄 먹고는 해요. 물을 넣지 않고 그냥 찌기만 해도 굉장히 맛있어요. 우리나라에서는 아웃도어용으로만 쓰지만 유럽에서는 가정에서도 많이 사용한다고 하더라고요."

랜턴

"캠퍼들 중에 랜턴 마니아가 꽤 많아요. 전 수집까지는 아니지만, 랜턴을 5~6개 정도 보유하고 있습니다. 랜턴 불빛에서 느껴지는 감성이 좋아서 모으게 됐죠. 랜턴마다 가지고 있는 불빛의 느낌이 다 달라요. 페트로막스, 베이퍼룩스는 사용하기 편해서 주로 가지고 다녀요. 처음 구입한 랜턴이라 더욱 애착이 가네요.

그중 독일 군용으로 사용됐던 페트로막스는 투박하고 단단한 느낌이 매력적이에요. 밝기가 양초 500개와 맞먹는데 랜턴 중에서 최고의 밝기를 자랑하죠."

콜맨 루미에르 랜턴

비알라딘 랜턴

페트로막스 랜턴

MY FAVORITE
캠핑 레시피

창코나베

"창코나베는 캠핑장에서 쉽게 조리해서 먹을 수 있는 요리예요. 겨울에 온 가족이 모여 앉아 먹기에 아주 그만이죠. 더치오븐에 닭을 넣고 육수를 만든 다음에 숙주나물, 팽이버섯 같은 채소를 살짝 익혀 먹으면 맛있어요. 어묵이나 우동을 넣으면 여러 명이 먹기에도 충분하죠. 국물은 소주나 사케 안주로 잘 어울려요. 국물은 별다른 간을 하지 않고 쯔유로 간을 맞춥니다. 청양고추를 송송 썰어 넣은 쯔유 소스에 익힌 채소나 고기를 찍어 먹으면 담백하면서도 칼칼한 맛을 즐길 수 있답니다."

재료(4인분 기준)

닭 2마리, 쇠고기(차돌박이) 300g 또는 어묵 1봉, 숙주나물 1봉, 팽이버섯 1봉, 청경채 100g, 대파 2~3대, 양파 2개, 청양고추 3~4개, 쯔유(가다랑어 간장) 기호에 따라 적당히

step 1. 더치오븐에 닭, 큼직하게 썬 대파를 넣고 1시간 정도 끓여 육수를 낸다.
step 2. 육수가 충분히 우러나면 쯔유를 넣어 간을 맞춘다. 기호에 따라 청양고추도 썰어 넣는다.
step 3. 쇠고기, 어묵, 숙주나물, 팽이버섯, 청경채 등 갖은 재료를 넣어 익힌다. 다 먹은 후 마지막에 닭을 건져 살을 발라낸다.

창코나베용 쯔유 소스

"국물 간을 맞춘 쯔유로 소스를 만들어서 찍어 먹어보세요. 종지에 쯔유와 물을 1대 1로 넣고 청양고추를 썰어 넣으면 완성! 창코나베 맛을 한 층 업그레이드 시켜줍니다."

MY FAVORITE
캠핑 스폿

인제 이조은 캠핑장

"인제군 용대리 용대휴양림 옆에 있는 곳이에요. 쾌적한 캠핑 환경을 위해서 텐트의 수를 철저하게 제한하고 있어요. 양구, 칠정산, 향로봉 등 일곱 군데 물이 합쳐진 계곡이 있는데 계곡 바로 옆에 텐트를 칠 수 있죠. 한여름에도 잘 때 긴팔 옷을 입어야 할 정도로 서늘해요. 잘 정비된 넓은 잔디밭이 싱그럽기 그지없답니다."

Information

주소	강원도 인제군 북면 용대리 42번지
전화	033-462-800, 010-3462-8000
이용료	1박 3만 원(전기료 포함)
수용 규모	텐트 15동
편의시설	개수대, 화장실
주변 명소	고성통일전망대, 화진포 해수욕장, 김일성 별장, 이승만 별장

황금박쥐 캠핑장

"저희 지역방 가족 중 한 명이 2011년에 오픈한 캠핑장이에요. 캠퍼 출신이라 캠퍼들이 원하는 바를 잘 파악하고 캠핑장 곳곳을 꾸몄죠. 캠핑장 바로 앞에는 화악산에서 내려오는 맑은 물이 흐르는 계곡이 있어요. 수심이 얕고 넓어서 여름에 물놀이하기에 좋죠. 밤나무 밭에 캠핑장이 조성되어 있어 가을에는 아이들과 함께 밤을 따는 체험도 가능해요."

Information

- **주소** 경기도 가평군 북면 화악리 623-9번지
- **전화** 010-6539-9119
- **이용료** 1박 2만 5,000원, 2박 4만 원(전기료 포함)
- **수용 규모** 텐트 15~20동
- **숙박시설** 방갈로 및 민박집
- **편의시설** 개수대, 화장실, 매점, 얼음썰매장, 무선인터넷
- **주변 명소** 화악산, 연인산, 남이섬, 자라섬

김
경
량

주 말　나 들 이　장 소 가　마 트 였 던
아　　빠　　의　　대　　변　　신

캠퍼　　··· 김경량(41세)
한 줄 talk　··· 캠핑에 푹 빠져 언제든 떠날 수 있게 준비 완료.
　　　　　　옷가방과 아이스박스만 실으면 OK!
언제부터　··· 2007년
얼마나 자주　··· 한 달에 두세 번
누구와 함께　··· 가족 또는 처제 부부와 함께

　주변을 살펴보면 취미가 없는 사람이 모래알만큼이나 많다. 주말이면 하루 종일 피곤한 몸을 소파에 누이고, TV 리모콘이 마치 보물인 양 한시도 손에서 떼어놓지 않고 '카우치 포테이토'가 된다. 극장에 간 것이 언제인지도 가물가물하고 뮤지컬이나 미술관 관람은 언감생심이다. 주말에 간신히 외출을 한다고 해도 마트를 빙빙 돌며 생필품을 구입하는 게 전부다. 김경량 씨는 캠핑을 시작하기 전까지 전형적인 무無취미 샐러리맨이었다. 그것도 모자라 주말에 아이와 놀아주기는커녕 제대로 대화조차 나눠본 적 없는 '무심한 아빠'였고, 집에서 아내를 위해 요리를 해본 적도(단 한 번도!) 없었다. 여행이라고는 1년을 통틀어 여름휴가 때 2박 3일 혹은 3박 4일로 펜션을 잡아 놀러 가는 게 다였다.

　캠핑은 이런 그를 180도 다른 사람으로 만들었다. 일단 특별한 일이 없으면 주말마다 캠핑을 간다. 집에서와 달리 아이랑 계곡에서 어항이나 뜰채로 고기를 잡거나 쑥이나 나물을 캐면서 추억을 만든다. 틈틈이 공부한 바비큐 요리를 가족에게 선보이기 위해 캠핑 전날 고기를 재우고 캠핑장에서는 삼각대에 더치오븐을 세팅한다. 캠핑이라는 취미는 이러한 놀라운 변화를 가능하게 했다.

김경량 씨의 캠핑 라이프는 우연한 계기에서 시작됐다. 여느 주말처럼 장을 보러 코스트코에 갔다가 천장에 둥실 매달려 있던 커다란 텐트를 보고 엉겁결에 카트에 넣어버렸다. 집에 와서 충동구매라는 생각에 환불할까도 싶었지만, 이왕 이렇게 된 거 캠핑을 하기로 마음먹고 코펠을 사서 주말에 당장 가족과 캠핑을 떠났다. 그가 캠핑을 시작한 5~6년 전만 해도 지금처럼 캠핑 열풍이 불기 전이라 별다른 정보도 없이 간 것이 화근이었다. 잠을 자고 있는데 갑자기 장대비가 쏟아졌다. 텐트 안으로 물이 사정없이 들어왔고, 장마철 이재민처럼 코펠로 물을 퍼 나르며 밤을 꼬박 새웠다.

"처음 샀던 텐트를 당장 환불받았어요. 그리고 제대로 된 텐트가 있어야 한다는 생각에 텐트에 대한 정보를 수집하기 시작했죠. 어렸을 때 아버지랑 계곡 옆에 텐트를 치고 돗자리 깔고 밥 해먹던 그런 캠핑이 아니었어요. 텐트 브랜드나 종류도 다양해졌고, 무엇보다도 '바닥' 생활에서 '좌식' 생활로 바뀐 게 큰 차이더군요. 테이블과 의자는 물론 키친까지, 갖춰야 할 게 어마어마하더라고요."

틈만 나면 쇼핑몰 장바구니에 새로운 장비를 담고, 하루가 멀다 하고 집으로 택배가 오는 경험은 초보 캠퍼라면 누구나 공감하는 일이 아닐까. '이 정도면 됐겠지' 싶은데 어느새 새로운 장비가 눈에 들어오고, 나도 모르게 결제 버튼을 클릭하게 된다. 하지만 캠핑 장비가 기하급수적으로 늘면서 전

쟁이 시작됐다. 차에 무작정 캠핑 장비를 실으면 공간이 부족해서 장비 사이에 빈 공간이 없도록 최대한 밀착시키는 '테트리스 신공'을 연마해야 했다. 그럼에도 트렁크는 말할 것도 없고 뒷자리까지 점령한 장비 때문에 아이는 캠핑장까지 가는 내내 아내의 무릎에 앉아서 가는 불편함을 감수해야 했다. 그래서 궁여지책으로 구입한 게 짐을 실어 차 위에 얹을 수 있는 루프백이었다.

"처음 루프백을 구입하고 전라북도 장수로 캠핑을 떠났는데 가는 도중에 뭔가 이상한 기분이 드는 거예요. 휴게소에 내려서 보니까 루프백이 감쪽같이 사라졌더군요. 루프랙을 직접 설치한 게 화근이었어요. 설치를 잘못했는지 루프랙과 루프백이 통째로 날아갔지 뭐예요. 루프백을 마지막으로 봤던 곳부터 되짚어서 왔던 길을 갔는데 찾을 수가 없었어요. 분실물 신고도 안 들어온 거 보면 그새 누가 집어갔나봐요. 새로 산

의자며 장비 대부분이 들어 있었는데, 충격이 컸어요. 텐트는 트렁크에 실어서 그나마 다행이었지만 캠핑장에서 의자도 테이블도 없이 어정쩡하게 캠핑을 해야 했죠."

눈물을 머금고 똑같은 루프백을 다시 구입했다. 루프백을 달고 나니 차에 공간적인 여유가 생기기는 했지만 문제는 다른 곳에 있었다. SUV 차량 위에 루프백을 얹자니 짐을 올리고 내리기가 몸에 무리가 갈 정도로 힘들었다. 캠핑을 떠나기 전에 벌써 진이 빠지고, 여름이면 온몸이 땀으로 흠뻑 젖어 '내가 왜 이 고생을 사서 할까' 싶은 생각이 절로 들었다. 게다가 루프백은 방수가 안 되어서 비가 오면 내용물이 젖기 십상이었다. 비가 온다는 일기예보를 들으면 캠핑 가기가 망설여졌다. 방 한 칸을 발 디딜 틈이 없을 정도로 차지하는 캠핑 장비도 문제였다. 수납장을 사서 베란다에 설치했지만 캠핑 장비가 창 전체를 가려서 하루 종일 방 안이 컴컴했다. 쌓여만 가는 캠핑 장비 때문에 아내의 잔소리가 늘어갈 때쯤, 짐을 싣고 차 뒤에 매달아 끌고 다닐 수 있는 캠핑 트레일러라는 것을 알게 됐다.

"처음에는 더 큰 차로 바꿀까도 고민했어요. 하지만 큰 차에 항상 장비를 싣고 다닐 수도 없는 노릇이어서 트레일러로 결정을 내렸죠. 큰 차로 바꾸는 것보다 비용도 덜 들고, 무엇보다도 트레일러가 창고 역할을 하니까 짐을 싣고 내릴 필요가 없는 게 가장 마음에 들었어요. 캠핑을 갈 때 옷가방과 아이스박스만 챙겨서 주차장에 분리해놓은 트레일러를 차와 연결하기만 하면 끝이에요."

막상 트레일러를 사려고 결정했을 때도 고민이 많았다. 트레일러 구입에는 차를 살 때와 마찬가지의 수고가 고스란히 뒤따른다. 자동차를 구입할 때도 소형차, 중형차, 대형차 중에서 골라야 하듯이 트레일러도 종류가 다양하다. 그가 구입한 트레일러는 소형차에 해당하는 캠핑박스 트레일러다. 장비만 옮겨 실을 수 있는 화물 트레일러인데, 가격이 500만 원 미만으로 비교적 저렴한 편이다(중형차에 해당하는 폴딩 트레일러는 가격이 2,000만~3,000만 원, 대형차에 해당하는 하드케이스형 캠핑 트레일러는 3,000만~5,000만 원 선이다). 캠핑박스 트레일러 중에서도 가장 안정적이고 관성브레이크가 달려 있는, 독일 알코사의 액슬(axle, 차축)을 사용한 트레일러를 선택했다. 산뜻한 디자인도 고려 요인이었다.

트레일러를 구입한다고 끝나는 게 아니다. 무동력이기는 하지만 자동차로 구분이 되므로 자동차세를 내야 하고, 보험 가입도 별도로 해야 한다(의무 가입 대상은 아니어서 보험 가입을 하지 않아도 도로를 주행하는 데는 문제가 없지만 안전을 위해 가입하는 것이 좋다). 아파트에 산다면 주차료도 추가로 내야 한다. 보통 아파트는 한 가구에 차 한 대만 허용되고, 두 대부터는 추가로 주차비를 내야 하기 때문이다. 운전을 할 때도 평소와 다르게 주의해야 한다.

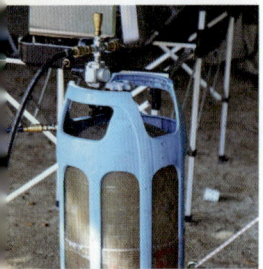

"출발 전에 차와 트레일러 연결이 제대로 되어 있는지 확인합니다. 트레일러가 상당히 무겁기 때문에 운전할 때 갑작스럽게 커브를 돌거나 멈추면 관성 때문에 사고로 이어질 수 있어요. 평소보다 저속으로 운행하고 브레이크를 밟을 때 천천히, 여러 번에 걸쳐서 밟는 것이 좋아요. 캠핑 트레일러 무게로 인해 생각했던 것보다 제동거리가 길기 때문에 앞차와의 간격도 안전거리 이상으로 유지해야 합니다."

트레일러가 있다고 캠핑 장비 수납이 모두 해결되는 게 아니다. 캠핑을 계속 다니면서 하나둘씩 장비를 구입하다보면 가랑비에 옷 젖듯이 어느새 트레일러도 포화 상태로 치닫기 십상이다. 그는 짐을 줄이기 위해 취사용 연료와 난방용 연료를 LPG로 일원화했다. 그 결과 부피는 줄어들고 효율이 몇 배나 향상됐다. 부탄가스 스토브는 날씨가 추우면 화력이 약해져서 밥을 할 때마다 애를 먹곤 했는데 이제는 한겨울에도 문제없이 스토브를 사용할 수 있게 됐다. LPG를 연결하는 히터는 난로에 비해 수십 배의 열량을 내니 동계 캠핑을 할 때도 걱정이 없다.

캠핑 초기부터 사용하던 테이블과 의자도 대폭 바꿨다. 처음 캠핑 붐이 일었을 때는 높이 60센티미터 이상의 테이블과 그에 맞는 릴렉스 체어가 유행했는데, 1~2년 전부터는 낮은 테이블과 낮은 의자가 대세다. 차 뒷좌석을 점령하다시피 한 거대한 IGT를 방출하고 원액션 로우 테이블을 샀다. 의자는 릴렉스 체어 대신 접었을 때 홀쭉한 접이식 의자로 바꿨다.

평소에도 깔끔한 수납을 즐기는 김경량 씨가 캠핑장에서의 수납 노하우를 살짝 공개했다.

"캠핑을 하다보면 잡동사니가 많아지는데 한데 모아놓으면 물건을 찾는 게 일이 될 수 있어요. 오거나이저 가방을 적극 활용하면 이러한 고민이 해결됩니다. 오거나이저 가방을 2개 사서 잡동사니를 종류별로 구분해 넣고 다녀요. 하나에는 주방용품을, 다른 하나에는 사이트 구축에 필요한 소품이나 전기용품을 수납합니다. 이렇게 하면 필요한 물건을 훨씬 쉽게 찾을 수 있어요."

 혹자는 트레일러를 사는 불편함을 감수하면서까지 캠핑을 다닐 필요가 있을까 하고 생각할지도 모른다. 사실 귀찮고 번거로우면 캠핑이고 뭐고 그만두면 된다. 취미도 궁합이 맞아야 하는 거니까. 김경량 씨는 캠핑만큼 자신을 변화시킨 것도, 어떤 일에 이렇듯 푹 빠진 것도 이제껏 없었다고 말한다. 연료가 바닥난 채 액셀러레이터를 밟는 듯한 일상도 캠핑을 다니면서 활기로 충만해졌다. 캠핑이 준 선물이 고맙고 또 고맙다.

캔버스 면 재질의 자동 텐트

오거나이저 가방

원액션 로우 테이블

MY FAVORITE
캠핑 사이트 디자인

"가족들이 편안하게 잠을 잘 수 있도록 평평하고 돌부리가 없는지를 우선적으로 봐요. 개수대나 화장대가 멀어서 다소 불편해도 한적하고 사람이 많이 다니지 않는 쾌적한 장소를 선호하죠. 캠핑하는 동안 조용히 쉬면서 재충전을 하는 시간을 즐기거든요. 여름이라면 나무 그늘이 있어 타프를 치지 않아도 되는 곳이 있는지 눈을 크게 뜨고 찾는답니다."

캔버스 면 재질의 자동 텐트

캠핑 장비도 은근히 유행을 많이 타는데, 최근 들어 자연친화적인 캔버스 면 재질의 텐트가 선풍적인 인기를 끌고 있다. 캔버스 면 재질은 기존의 폴리에스테르 원단에 비해 여름에는 시원하고 겨울에는 열 손실이 적어 따뜻해서 사계절 내내 사용할 수 있다는 것이 큰 장점이다.

"라이온힐이라는 국내 업체에서 만든 캔버스 면 재질의 자동 텐트를 사용하고 있습니다. 자동 텐트라 빛의 속도로 설치할 수 있어요. 폴을 일일이 끼울 필요가 없고 펙도 많이 박지 않아도 되니 10분이면 혼자서도 뚝딱 설치한다니까요. 혼자 텐트를 치면 각 잡기가 쉽지 않은데 이 텐트는 펙을 4개만 설치해도 텐트 각이 제대로 살아요. 특히 폴리에스테르 원단과 달리 화학 처리를 하지 않아도 방수와 발수가 탁월해 겨울에 결로가 생기지 않죠. 처음에는 재질 특성상 비가 오면 물이 한두 방울 샐 수 있는데, 비를 한두 번 맞으면 오히려 면의 짜임새가 견고해져서 자연 방수가 된답니다."

원액션 로우 테이블

"몇 년 간 IGT를 가지고 다니다가 손이 많이 가고 부피가 커서 원액션 로우 테이블로 바꿨어요.

IGT보다 크기가 작아서 보조 테이블을 1~2개 더 살 계획이에요."

콤팩트 폴딩 체어

"콜맨 릴랙스 체어와 캡틴 체어를 사용하다가 콤팩트 폴딩 체어로 바꿨어요. 로우 모드에 딱 어울리는 의자죠. 무엇보다도 앉았을 때 착석감이 최고에요."

콤팩트 폴딩 체어는 언뜻 보면 콜맨 캡틴 체어를 작게 줄여놓은 것만 같다. 작아 보여도 너비가 넉넉해서 체격이 큰 성인이 앉는 데도 문제없다. 접고 펴기 쉬운 것도 장점이다.

오거나이저 가방

"주방용품을 넣는 오거나이저 가방에는 도마, 가위, 집게, 위생 랩이나 장갑, 쿠킹호일, 양념통을, 기타 장비용 오거나이저 가방에는 망치, 야전삽, 도끼 등 사이트 구축에 필요한 소품이나 멀티탭, 전구 같은 전기용품을 수납해요."

김경량 씨는 오거나이저 가방을 바닥에 그냥 놓지 않고 꼭 보조 의자에 올려놓는다. 물건을 찾을 때 허리를 많이 굽힐 필요도 없고 바닥에 흙이 묻지 않아서 일석이조라고.

MY FAVORITE
캠핑 기어

미스터 히터 탱크탑 히터 2구

"부엉이 눈 같은 동그란 모양 때문에 일명 '부엉이'로 불려요. 처음에는 태서나 파세코 난로를 사용했는데 연료를 일원화하면서 바꿨어요. 난로는 거실 텐트 구석구석까지 온기가 가지 않아서 난로에서 멀리 앉아 있으면 추워서 덜덜 떨곤 했는데, 난로와 비교할 수 없을 정도로 열량이 탁월해서 혹한에도 문제없죠. 화력을 세 단계로 조절할 수 있고, 1구만 켜놓을 수도 있어서 편리해요."

난방 기구는 항상 안전에 신경 써야 한다. 히터가 넘어지면 자칫 위험할 수 있는데 철망으로 된 개집을 유용하게 활용하고 있다. 개집을 히터에 씌워놓으면 보다 안전하게 사용할 수 있다고.

스노우피크 마이크로 캡슐

"작은 사이즈의 더치오븐이에요. 일반 더치오븐에 비해 발군의 활용도를 자랑하죠. 특히 간단하게 안주를 만들어 먹을 때 딱이에요. 주로 콘치즈와 번데기탕을 만들어 먹는데, 뚜껑을 뒤집어서 두 가지 안주를 동시에 후다닥 요리할 수 있어요. 튀김 요리를 할 때도 더치오븐을 이용하면 식용유를 한 통 다 넣어야 하는데 마이크로 캡슐은 식용유를 조금만 넣어도 돼요. 밥이 고슬고슬하게 되는가 하면 군고구마도 일품이에요."

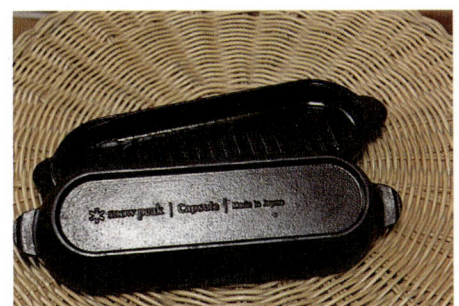

MY FAVORITE
캠핑 레시피

단호박 오리찜

"더치오븐을 이용해서 요리를 많이 하는 편이에요. 바비큐 럽에 어느 정도 자신이 붙자 '다른 요리가 없을까' 고민하던 차에 오리고기 전문점에 갔다가 힌트를 얻었죠. 오리고기도 맛있고 오리 기름이 배어든 단호박과 채소의 맛도 끝내줘요. 무엇보다도 번거롭지 않고 쉽게 만들 수 있어서 좋아요."

재료(2인분 기준)

훈제 오리 200g, 단호박 1개, 통마늘 10~15쪽, 양파 1/4개, 당근 1/2개, 느타리버섯 1~2개, 은행 및 말린 해바라기씨 적당량

step 1. 단호박 위쪽을 둥글게 잘라 숟가락으로 단호박 속을 깨끗하게 긁어낸다.
step 2. 프라이팬에 훈제 오리, 길게 찢은 느타리버섯, 통마늘, 양파, 당근, 은행, 해바라기씨를 넣어 볶은 후 이들 재료와 오리 기름까지 모두 단호박 속에 넣고 단호박 뚜껑을 닫는다.
step 3. 더치오븐에 단호박을 통째로 넣고 30분 정도 익힌다.
step 4. 단호박을 더치오븐에서 꺼낸 후 뚜껑을 열고 꽃잎 모양으로 썰어 낸다.

바비큐 럽

"처음 배운 캠핑 요리라서 그런지 캠핑장에서 가장 자주 해먹는 음식이에요. 럽(Rub)은 '문지르다', '비비다'라는 뜻이죠. 각종 향신료를 바른 통삼겹살을 더치오븐에 요리해 먹으면 기름이 쏙 빠져서 정말 맛있답니다. 통삼겹살은 코스트코에서 파는 일명 '빨래판'으로 불리는 냉동삼겹살이 저렴해요. 한 번 먹을 분량으로 나눠서 양념을 바른 뒤 냉동시켜놨다가 캠핑 갈 때 하나씩 가져가곤 하죠."

재료(4인분 기준)

통삼겹살 1kg, 페퍼 스테이크 시즈닝, 파슬리 가루, 월계수잎 적당량, 스테이크 소스나 칠리 소스

step 1. 두께 7~8cm의 통삼겹살 4면에 페퍼 스테이크 시즈닝, 파슬리 가루 등 향신료를 뿌린다. 고기가 두꺼워서 향신료를 넉넉하게 뿌려야 간이 맞는다.
step 2. 월계수잎을 올리고 랩으로 감싼 후 냉장고에서 한나절 또는 하루 정도 숙성시킨다.
step 3. 더치오븐에 고기를 넣고 60~70분 굽는다. 더치오븐 뚜껑에 차콜을 13~15개가량 올리면 적정 온도로 요리된다.
step 4. 익은 고기를 더치오븐에서 꺼낸 후 먹기 좋은 크기로 잘라서 스테이크 소스나 칠리 소스와 함께 낸다.

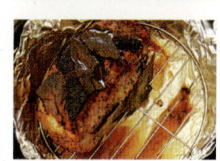

MY FAVORITE
캠핑 스폿

캠핑 파워 야영장

"남양주 수동에 위치한 캠핑장이에요. 캠핑장 입구의 키 높은 소나무를 지나면 잔디가 시원스레 펼쳐져요. 선착순으로 20동만 받기 때문에 번잡하지 않고 한 팀당 쓸 수 있는 공간도 넉넉하지요. 사이트는 잔디가 있는 1층과 개수대가 있는 2층으로 나뉘는데, 저는 잔디가 펼쳐진 1층을 좋아해요. 푸른 잔디를 보는 것만으로도 주중의 피로가 풀리죠. 의자에 기대어 앉아 책을 읽으며 쉬기에도 좋아요. 천연 수영장이 있는 계곡이 있어서 두 번이나 여름휴가차 찾기도 했어요. 한여름에도 서늘한 계곡에서 물놀이를 하거나 탁족을 즐길 수 있답니다."

Information

주소	경기도 남양주시 수동면 수산리 산25-1번지
전화	010-4942-6232
이용료	1박 2만 6,000원(전기료 포함)
수용 규모	텐트 20동
편의시설	개수대, 화장실
주변 명소	축령산 자연휴양림, 몽골문화촌

ⓒ김경량

씨알농장

"서울에서 30분이면 갈 수 있어서 갑작스레 캠핑을 갈 때 단골로 찾는 곳이에요. 수도권에 있는 캠핑장 중에 규모가 꽤 큰 편이죠. 씨알농장은 원래 주말농장이었는데 5년 전부터 캠핑장을 같이 운영하고 있어요. 약 5만 평 규모인데, 입소문이 나면서 캠핑장으로 운영하는 부지를 계속 늘리고 있죠. 단체 캠핑객 위주인 제1캠핑장과 가족 단위 캠핑객을 위한 제2캠핑장으로 분리해 운영합니다. 제2캠핑장에는 수령이 오래된 나무가 우거져 여름에 타프를 치지 않아도 되죠. 제1캠핑장과 제2캠핑장 사이에는 붕어나 잉어 낚시를 할 수 있는 저수지가 있어요. 우렁이도 채취할 수 있답니다."

Information

주소   경기도 양주시 광사동 295번지
전화   031-847-9655
이용료   1박 2만 5,000원(2박 시 둘째 날 1만 5,000원, 전기료 5,000원 별도)
수용 규모   텐트 50동
편의시설   개수대, 화장실, 샤워실(온수 가능), 매점
주변 명소   〈대장금〉 테마파크, 일영유원지, 송추유원지

모두 ⓒ김경랑

©김경량

감
홍
규

아　이　를　위　한　캠　핑
그　리　고　캠　퍼　의　자　녀　교　육　법

캠퍼 … 감홍규(닉네임: 심후, 41세)
한 줄 talk … 우리 아이들은 어른들의 완전한 통제하에 캠핑을 즐긴다.
　　　　　　캠핑하러 와서까지 그러는 데는 다 이유가 있다.
언제부터 … 2007년
얼마나 자주 … 한 달에 두세 번
누구와 함께 … 자녀교육에 대한 생각을 공유하는 서너 가족이 모여 단체 캠핑

　캠핑이 이렇게 뜨거운 국민 레저로 자리 잡으리라고는 상상도 못했다. 보이스카우트의 추억이 되살아나는 야영, 성능이 뛰어난 장비들, 한정 없이 내오는 술과 고기. '캠핑이 한국 남자들 지갑 좀 털겠구나' 싶은 몇 가지 코드만으로는 설명이 안 된다. 캠퍼가 늘어나는 속도는 놀라울 따름이다. 세 집 건너 한 집은 캠핑을 하는 것 같다. 전제는 '자녀가 있는 집'만 따졌을 경우라는 것. 아이들 교육에 좋다 하면 무엇인들 마다할까. '이 학원 저 학원 옮겨 다니며 매캐한 거리에서 어깨를 축 늘어뜨린 우리 아이, 주말만큼은 자연에서 뛰놀게 하자. 이것도 다 체험학습이고 교육적으로 아주 훌륭하다.' 이렇게 캠핑과 교육적 효과가 맞아떨어지면서 그 인기가 수년째 고공행진 중이다. 대한민국의 수많은 캠핑장을 가득 채우는 것은 가족 캠퍼고, 가족끼리 캠핑할 때 그 주인공은 대개 아이들이다. 자녀가 없는 캠퍼도 캠핑장이 붐비는 '놀토'가 언제인지 기억하는 건 필수다.

　감홍규 씨(닉네임: 심후)의 캠핑을 엿보기로 한 것은 가족 캠핑의 전형을 볼 수 있겠다는 기대에서였다. 그의 블로그에 가면 캠핑장 정보뿐 아니라 주변에서 함께 즐길 거리를 풍부하게 제시하고 있어서, 여행 코스

를 짤 때 참고하면 아주 그만이다. 막상 함께하고 보니, 캠핑에 곁들이는 명소 탐방 외에 더욱 놀라운, 주목할 수밖에 없는 '심후 스타일(감히 '스타일'이라고 이름 붙여도 될 만큼 독특하다!)' 가족 캠핑의 특징이 있었다. 야외에서 먹고 자는 것 외에 플러스 알파를 항상 준비하는 꼼꼼한 캠퍼 심후와 팔현에서 1박 2일을 같이 보냈다. 블로그에서는 결코 드러나지 않았던 '캠핑의 룰'을 훔쳐볼 시간이다.

작은아이가 학교에 다니기 전부터 캠핑을 다니기 시작했다는 심후의 가족. 어느새 6학년, 4학년으로 훌쩍 커버린 두 아들이 테이블에 얌전히 앉아서 문제집을 풀고 있었다. 함께 온 '봄을 그리며(닉네임)', '해적(닉네임)'과 그의 아이들까지, 초등학생 여섯 명의 공부방인 양 타프 안은 조용했다. 우리를 보자 벌떡 일어나 "안녕하세요!" 하더니 다시 열공 모드로 돌아간다.

"당장 다음주가 시험기간이라서 이것은 끝내놓고 놀아야 해요."

심후의 안지기가 공부방 감독관처럼 애들을 봐주고 있었다. 시험 코앞의 놀토. 하지만 아이들도 어른들도 캠핑이 너무 가고 싶어서 금요일 밤에 2박 3일 일정으로 부랴부랴 떠나왔다. 다른 애들은 다 공부한다는데 맹탕 놀게만 할 수는 없었는지 막간을 이용해 공부 시간을 가지던 참이었다. 처음 보는 광경에 의아했는데, 아이들은 조용히 제 할 일을 하는 듯 문제집을 넘기고 있었다. 얼마 후 공부를 마친 아이들이 텐트에서 뛰쳐나가 놀았다. 다른 집 아이들과 다를 바 없이, 여기저기 몰려다니고 흙을 만지고 편 나누어 게임을 하면서.

심후네 가족 네 명, 해적 가족도 네 명, 봄을 그리며의 가족도 역시

네 명. 사람 수만 열 명이 훌쩍 넘고, 여기에 개 두 마리까지. 그런데 이상하게도 캠핑 사이트는 흐트러짐 없이 말끔히 정돈되어 있었다. 애들만 여섯인데, 이 정도 규모면 시도 때도 없이 음식을 해먹이느라, 천방지축 뛰어다니는 애들을 단속하느라 어른들은 그야말로 아노미 상태인 게 지금껏 봐왔던 가족 캠퍼의 모습이었다. 특히 엄마들은 명절 못지않게 부산스레 움직여도 감당해내지 못하는 걸 숱하게 봤다.

"우리 아이들은 완벽하게 어른의 통제하에서 캠핑을 즐겨요. 그래서 이런 분위기가 가능한 것이지요."

애들 신나게 뛰어놀라고 캠핑 왔다면서, 완벽한 통제하에 있단다. 세 가족 모두 이 생각에 동의하기에 수년째 같이 캠핑을 다닐 수 있었다고 했다. 잠깐. 가족 캠핑의 전형이 아니라 가족 캠핑의 통념을 깨는 비전형이 심후의 캠핑 스타일이었던가?

"우리는 애들을 메뚜기 떼라고 부르거든요? 음식을 해놓으면 정말 메뚜기 떼처럼 순식간에 먹고 사라져요. 어른들이 먹을 게 없더라고요. 처음에는 우리도 아이들 위주였죠. 아이들이 중요하니까. 다들 하는 것처럼 아이들 먹이는 데 신경을 썼는데, 갈수록 이건 아니다 싶었어요. 어른들이 맛있는 음식을 즐길 수 있고, 또 우리끼리 얘기하는 시간을 여유롭게 가질 수 있어야 재미가 있어서 계속할 것 아닌가요?"

'메뚜기 떼의 습격'을 어떻게 극복했나 봤더니, 일단 아이들의 식사시간과 어른들의 식사시간을 철저하게 구분했다. 심지어 메뉴도 다르고 밥 먹는 테이블도 다르다. 한마디로 겸상하지 않는다는 것인데, 그들의 독특한 식사시간을 처음 접하고서는 이렇게까지 해야 하나 싶었다. 정작 아이들은 완전하게 적응을 했는지, 밥 다 되었다고 한 번 말하면 칼같이 밥상에 모여 앉아 신속하게(?) 해치우고 어른들의 식사시간에는 자리를 비켜주었다.

식사 때만 되면 캠핑장은 지훈아, 재희야, 은정아 하며 아이들을 애타게 찾는 소리로 초토화된다. 우리 아이 배곯을까 노심초사하며 같은 이름을 열 번이고 스무 번이고 불러대는 엄마들의 목소리는 차라리 서글프다. 캠핑장이 가장 소란스러워지는 것도 바로 이때. 귀를 찌르는 소리에 달콤한 낮잠을 청하려다 포기한 게 여러 번이다. 밥 잘 안 먹는 아이를 토닥여 한 숟갈 간신히 먹이는 집이나, 한 입 먹고 뛰어놀다가 다시 와서 먹을 것을 내어달라는 아이의 별난 식습관을 맞춰주는 집이나, 식사시간은 그야말로 전쟁이다. 과연 엄마들은 캠핑 온 기분을 내고 있기는 할까? 아이들이 좋아하는 걸 보고 '이거면 됐지' 하는 체념 말고, 나를 위한 시간을 가지며 리프레시를 하고는 있을까? 적어도 심후네 캠핑 현장에서 이런 걱정은 사라졌다.

"우린 다들 애들을 엄하게 키운 부모 축에 속해요. 어릴 때는 매도 들었고요. 캠핑장에 와서도 교육관이 그대로 유지되는 거예요. 우리랑 같이 다니는 다른 가족들도 마찬가지고요. 식사시간에 우리가 정한 룰이 바로 이거예요. 애들은 이걸 따르는 거고요. 캠핑은 일종의 단체생활이거든요. 단체생활이 유지되려면 규칙이 있어야 하는 거고. 얼토당토않은 걸 강요하는 게 아니라 서로 좋은 시간을 보내기 위한 룰을 어른이 정하고 아이들은 룰 아래서 움직이는 거지요. 이 역시 아이들이 앞으로 살아가면서 당연히 습득해야 하는 교육의 일종으로 봐요."

캠핑장에서의 예의와 인성교육. 요는 이것이다. 좁은 공간에 다닥다닥 텐트를 붙여서 치고 하룻밤을 함께 보내는 사설 캠핑장이 대다수인 우리의 캠핑 현장에 반드시 필요한 덕목이었다. 한 공간에서 낯선 사람들과 시간을 보내는데, 인사 제대로 안 하고 어른 공경할 줄 모르고 쓸데없이 소란 피워도 이에 대해 뭐라 하는 어른 하나 없다면, 캠핑장에서 눈살 찌푸리는 일이 더러 생길 것이다. 아이를 위해 캠핑을 하는 것과 어른들이 중심이 되어 규칙을 정하고 이를 따르게 하는 것. 두 가지가 모순된 건 절대 아니었다. 단순한 룰 아래서 최대한 그 시간을 만끽하는 여섯 명의 아이들은 자기들이 규칙을 따른다는 자각 없이 몸에 밴 듯 행동했다.

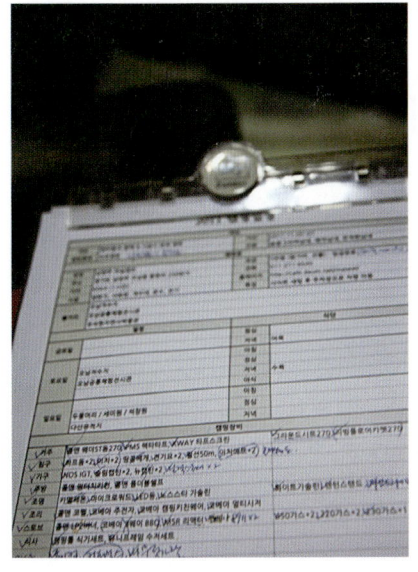

깔끔한 점심식사 후 일행은 신속하게 두 차에 나눠 탔다. 목적지는 20분 거리에 있는 오남 공룡체험관. 차를 얻어 타고 가는데, 뒷좌석에 놓인 '캠핑 일지'가 눈에 띄었다. 어찌나 세세하게 기록했는지, 심후가 지난 1년간 다닌 캠핑을 그 자리에 앉아 그릴 수 있을 정도였다. 오늘은 오남 공룡체험관, 내일은 다산생가를 방문할 모양이었다. 심후는 캠핑을 떠나기 전, 캠핑장 근처에 가볼 만한 곳이 있는지 항상 먼저 체크를 한다. 2박 3일 캠핑을 떠나면 명소 두 곳을 찾아가는 식이다. 캠핑장이야 대단히 독특한 위치가 아니고서는 거기서 거기고, 오히려 볼거리 선택이 먼저다.

처음에는 오다가다 보이는 곳에 들르고는 했다. 그 자리에서 검색해

보고 즉흥적으로 찾아간 적도 많다. 그렇게 한두 번 하다보니 캠핑만 하고 오면 꽉 차지 않은 허전함이 있었다고. 그래서 본격적으로 사전에 계획을 잡기 시작했단다. 그의 캠핑 일지에 빼곡히 기록된 용문사, 소백산 단풍, 제4땅굴, 을지전망대, 천수만 철새도래지, 원주 고판화박물관 등 전국의 관광명소 정보와 여행 코스는 그대로 베껴서 실천하고 싶을 정도로 알차다.

최근 인제의 한 캠핑장에 갔다가 제4땅굴과 을지전망대에 들렀다는 이야기를 들려줬다. 우리나라에서 가장 넓은 분지인 펀치볼 마을, 어렴풋이 보이던 금강산 봉우리가 잊히지 않는다고 했다. 어른과 아이가 같은 감동을 느끼고 공유하는 것은 참으로 드물고 소중한 경험이다. 캠핑을 하는 것, 여기서 한 발짝 더 나아가 이처럼 주변 명소를 찾아가는 것, 이 모두가 아이들에게 다양한 경험을 선사하고 공감대를 만들기 위해서다.

"저야 시골에서 컸으니 아궁이에 불 때는 것, 재래식 화장실 쓰는 것을 다 겪었지요. 그런데 요즘 애들은 그런 걸 전혀 모르고 크잖아요? 그걸 보여주는 방법이 시골에 가는 것이었는데, 요즘은 시골도 다 신식이라 큰 의미가 없더라고요. 캠핑을 하면서 제 유년시절의 기억을 아이들에게 말이 아니라 행동으로 재현하고, 거기서 아빠와 아들 사이에 공감대가 형성되는 것이 있어요. 체험학습도 비슷한 맥락이에요."

체험학습이 좋은 건 모든 부모가 알지만 막상 떠나려면 챙길 게 한두 가지가 아니다. 캠핑을 하니 먹는 것, 자는 것이 아주 자연스럽게 해결되어 심후는 비교적 가뿐하게 모범 아빠 타이틀을 단 셈이다.

그런데 이날 찾아간 오남 공룡체험관은 아이러니하게도 잘못된 선택이었다. 어른 입장료가 5,000원, 어린이 입장료가 6,000원으로 꽤 비싼 데다, 입구 너머로 보이는 전시물이 유치원생들 눈높이에 맞춘 것처럼 보여 일행이 다들 고개를 갸우뚱했다. 인솔자 격인 심후 역시 가는 날이 장날이라고, 하필이면 손님이 온 날 이런 일이 생기는지 모르겠다며 겸연쩍어했다. 해설이 좋다고 해서 왔는데 반응이 별로라며 곧바로 주남 저수지로 차를 돌리더니 한 시간이 넘는 산행 코스로 접어들었다. 산행은 생각보다 괜찮았다. 아이들에게는 조금 힘에 부치는 코스였지만, 그래서 더 신나게 오후를 보낼 수 있었다는 것.

이제 캠핑 사이트로 돌아와서 저녁 준비를 할 시간이다. 점심 먹고 설거지하고 좀 빈둥대다보면 어느새 저녁 시간이 돌아오기 마련인데, 이날은 어쩐 일인지 하루가 참으로 길었다. 시간을 빈틈없이 쪼개어 쓰는 데 익숙한 이들 세 가족을 따라다닌데다, 예정에 없던 산행으로 몸이 더욱 가뿐해진 탓이었다.

심후가 자신 있게 내놓은 수육과 부추 무침, 다른 가족들이 내놓은 오징어 볶음, 돼지고기 두루치기가 차례로 테이블에 올랐다. 아이들 메뉴는 즉석 짜장밥이었다. 점심때와 마찬가지로 아이들은 후다닥 접시를 해치우고 그들만의 리그에 돌입했다. 술을 많이 마시는 이도, 권하는 이도 없었다. 불 피우기 좋아하는 남자들은 화로에 장작을 던져가며 세상 사는 얘기를 나눴다. 9시가 넘자 심후는 벌써 텐트에 들어가고 없고, 안지기 셋과 손님 둘, 이렇게 다섯이 둘러앉아 신나게 수다를 떨었다. 캠퍼라면 누구나 무용담으로 가지고 있는 첫 캠핑의 아찔한 추억(보통 다들 엄청나게 고생을 한다), 캠핑을 수년 다니고서 아이들의 아토피가 다 나았다는 고마운 이야기, 캠핑에 푹 빠져버린 남편을 둔 아내라면 공감할 고충을 털어놓으면서. 아이들은 아이들대로, 엄마는 엄마대로, 아빠는 아빠대로 행복한 캠핑의 밤이 흘러갔다.

가족 캠핑의 전형을 보겠다는 생각에 찾아간 곳에서 전혀 예상치 못한 모습을 맞닥뜨렸다. 모범 답안이란 처음부터 없는 것이다. 캠핑을 함께 떠나온 이들이 각자 원하는 방식의 행복감을 맛볼 수 있으면 그걸로 됐다. 아이만큼이나 엄마도 캠핑을 만끽하고, 아빠에게 캠핑이 '가족을 위한 봉사'에서 그치는 게 아니라 나를 위한 취미생활이 되어야 한다. 그래야 가족이 함께하는 몇 안 되는 레저, 그래서 더욱 소중한 캠핑을 오래도록 이어갈 수 있는 것이다.

콜맨 웨더마스터

MY FAVORITE
캠핑 사이트 디자인

"항상 여러 가족들과 함께 캠핑을 다니기 때문에 넓은 사이트가 있는 캠핑장을 선호합니다. 가운데에 공동 취사를 위한 장소를 마련하고 그 주변에 텐트에 3~4개를 설치하는 거죠. 각자 화로가 있지만 하나만 설치해요. 밤이면 아이들과 화로 주변에 옹기종기 모여 앉아 군고구마를 먹거나 별 구경을 하면서 시간을 보냅니다."

콜맨 웨더마스터

"캠핑장에서 몇 개씩은 볼 수 있을 정도로 우리나라 캠퍼들에게 인기 있는 텐트 중 하나인 콜맨 웨더마스터 4S 270 돔 텐트를 사용하고 있어요. 웨더마스터란 이름답게 사계절 내내 사용할 수 있거든요. 여름에는 전실 메시가 D형으로 되어 있어 통풍성이 좋고, 겨울에는 플라이 시트 밑단에 스커트가 있어 밑에서 비바람이나 냉기가 들어오는 걸 막아줘요."

보통 4인용 텐트는 240×240cm² 사이즈라 4인 가족이 사용하기에는 작은 편인데 콜맨 웨더마스터 4S 270 돔 텐트는 4~5인용이라서 중학생인 아이가 있는 가족 네 명이 사용하기에도 불편함이 없다.

엑스웨이 타프 스크린

"공동 취사를 위한 장소로 넉넉한 사이즈의 타프 스크린을 사용합니다. 엑스웨이 타프 스크린은 사이즈가 430×400cm²로, 안에 테이블을 3~4개씩 붙이면 열 명이 넘어도 동시에 식사를 할 수 있죠. 키친 테이블도 여러 개 붙여놓고 공용으로 쓰고요. 8개 방향으로 개폐가 가능해 출구도 여러 곳으로 낼 수 있어 타프 스크린 주변에 텐트를 여러 개 설치하고 드나들기에 편리해요."

엑스웨이 타프 스크린은 풀패널과 메시 모드 둘 다 가능해서 가족끼리만 올 때는 텐트 대용으로도 사용할 수 있다고 한다.

침대형 매트리스

"바닥에 침대형 매트리스를 깝니다. 침대형 매트리스는 에어 매트리스와 비슷하지만 두께가 10센티미터 정도라서 바닥에서 한기가 올라오는 걸 막아주죠. 겨울철에는 침대형 매트리스 위에 담요 같은 매트 두 장을 겹쳐서 깔면 전기장판이 필요 없어요. 침대형 매트리스는 여름에 계곡에서 튜브로도 사용할 수 있답니다."

MY FAVORITE
캠핑 기어

루믹스 카메라

"캠핑장에서 항상 들고 다니는 녀석이죠. 장비를 설치하거나 요리할 때 빼고는 제 손을 떠나는 법이 없습니다. 제 루믹스 카메라에는 2개의 특별한 액세서리가 있습니다. 하나는 사진 찍을 때 카메라를 케이스에서 꺼낼 필요가 없는 속사케이스입니다. 케이스와 줄이 모두 가죽으로 되어 있는데, 하도 가지고 다녀서 길이 잘 들어 있어요. 다른 하나는 자동렌즈캡인데 루믹스는 DSLR 카메라가 아니기 때문에 렌즈캡이 작아서 잃어버리기 십상이거든요. 카메라 전원을 켜면 렌즈가 돌출되면서 자동으로 캡이 열리고 전원을 끄면 렌즈가 쏙 들어가면서 닫히는 자동렌즈캡은 분실할 걱정이 없고 사진 찍을 때 캡을 제거할 필요가 없어 편리하기 그지없어요."

토요토미 석유 난로

"캠핑 초기, 최고의 오토캠핑용 난로는 단연 파세코 WKH-23이었어요. 파세코는 국내 브랜드인데 후세인의 은신처에서 발견되어 더욱 유명해졌죠. WKH-23은 수출전용이었기에 역수입하여 국내에 판매되었어요. 이후 국내용 제품이 생산됐는데 가격은 대폭 인상된 반면 열량이 떨어지고 그을음이 심해지는 등 품질이 떨어지더군요. 2011년부터 사용하고 있는 토요토미 석유 난로는 높은 열

량을 내면서도 연료 소모량은 적어서 맘에 드는 제품입니다. 특히 토요토미 DC-100C 모델은 측면에서 열기가 풍부하게 전달된다는 장점이 있죠. 보통 텐트 내부에서 난로를 사용하다보면 머리는 더운데 무릎 아래가 춥잖아요. 이 모델은 무릎은 물론 발등에도 열기가 전해집니다."

심후's Tip

석유 난로용 연료의 선택

"석유 난로에 사용되는 연료는 백등유입니다. 그냥 석유 또는 보일러등유라고 부르기도 합니다만 반드시 백등유라 표기된 기름을 선택해야 합니다. 간혹 보일러등유라는 이름으로 품질이 떨어지는 연료를 판매하는 주유소도 있기 때문이죠. 또 하나 주의할 사항이 있는데 가급적 변질유 또는 혼합유는 사용하지 않는 것이 좋습니다. 백등유는 대체로 겨울에만 소비되므로 기름탱크에서 변질되기도 하거든요. 백등유는 보일러용으로 사용할 때에는 품질의 차이가 별로 없어 혼합유로 판매하는 곳도 있어요. 이런 기름을 사용하면 그을음이 심해지고 심지의 색이 까맣게 변하고 딱딱해집니다. 정품 백등유는 가급적 기름 소모가 많은 지역에서 구입하는 게 요령이에요."

MY FAVORITE
캠핑 레시피

저수분 수육

"돼지고기는 캠핑에서 빠질 수 없는 식재료죠. 캠핑장에서는 바비큐 럽을 많이 해먹잖아요. 서양식 바비큐 말고 우리식 고기 요리는 뭐가 있을까 찾아보니 수육이 제격이다 싶었습니다. 인터넷에서 요리법을 배워 직접 해보니 의외로 쉽더군요. 기름기가 쏙 빠져 술안주뿐만 아니라 아이들 간식으로도 좋습니다. 겨울에는 난로에 올려서 은근히 익혀 먹을 수 있어요."

재료(4인분 기준)

통삼겹살 1200g, 된장 3큰 술, 대파 2쪽, 양파 2개, 통마늘 10쪽, 청양고추 2개, 통후추 적당량, 새우젓 적당량

step 1. 두꺼운 냄비 바닥에 큼직하게 썬 양파와 대파를 깐 후 된장으로 양념한 통삼겹살을 올리고 통마늘, 통후추, 청양고추를 넣는다.
step 2. 뚜껑을 덮고 은근한 불에서 1시간가량 익힌다. 중간에 고기가 익었는지 확인하며 조리 시간을 조절한다.
step 3. 고기를 먹기 좋은 크기로 잘라 접시에 담고 부추 무침과 새우젓을 곁들인다.

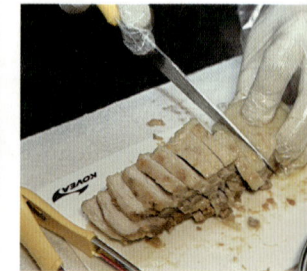

저수분 수육의 맛을 더해주는 부추 무침

"먹기 좋게 자른 부추와 양파, 까나리액젓과 참기름, 설탕만 냄비에 넣어요. 냄비 뚜껑을 닫은 다음 몇 번 흔들어주면 부추 무침이 뚝딱 완성됩니다. 만드는 법은 아주 간단하지만 맛은 좋아요. 저수분 수육과 아주 잘 어울리죠."

©김홍규

MY FAVORITE
캠핑 스폿

소야도 뗏부루 해변

"육지와 상당히 멀리 떨어진 섬이기에 자연 그대로를 느낄 수 있어요. 이곳이 특히나 인상적인 건 아이들과 처음으로 낚시를 한 장소이기 때문이기도 해요. 소야도는 파리, 모기가 없는 청정 섬이었는데, 점차 유명세를 타면서 요즘은 조금 변했어요. 예년에 비해 못하다 해도, 이곳을 처음 찾는 사람들은 순수한 아름다움에 반할 거예요.

분명 고립된 섬인데, 아이러니하게도 특유의 해방감이 있어서 아주 특별해요. 700미터쯤 되는 평화로운 뗏부루 해변은 야영하기에 그만이죠. 해변 끝과 끝에 살짝 돌출된 자그마한 곶(串)이 바다를 안아주듯 자리한 그림 같은 공간에서 눈부신 햇살과 쏟아지는 별을 독점하다시피 즐길 수 있어요. 간조 때는 바닷물이 한정 없이 빠져서 훌륭한 갯벌이 드러나죠. 물이 얕아서 아이들이 놀기에도 그만이고요."

뗏부루 해변 말고도 이 섬 안에는 군데군데 자그마한 해변이 보물처럼 숨겨져 있다. 차태현, 손예진이 주연한 영화 〈연애소설〉에 등장하는 죽노골은 소야도의 작은 해변 중 예쁘기로 으뜸가는 곳. 물이 빠지면 걸어서 건널 수 있는 조그만 바위섬들도 있다. 작지만 탐험하는 맛이 있어서 소야도는 두 번이고 세 번이고 갈 때마다 흥미진진하다고.

"처음 이곳으로 캠핑 왔던 2008년 가을, 선창에서 아이들과 낚시를 했어요. 큰애가 던진 낚싯대를 꽤 큰 게가 덥석 물었지요. 15센티미터쯤 되는 작은 물고기도 건져 올렸고요. 허탕 치는 게 허다한 선창 낚시에서 얼떨결에 손맛을 두 번이나 본 거죠. 좋아서 어쩔 줄 몰라 하던 그 모습이 생생하네요."

  소야도는 타고난 아름다움을 지닌 섬이다. 마을 주민이 부지런하게 가꾸고 있지만 방문객도 섬을 깨끗하게 지키려는 노력이 필요하다. 해수욕장의 조개는 마을 주민들이 키우는 것이라고 하니 채취해서는 안 된다. 특히 소야도는 강태공들이 아주 좋아하는 장소이기도 하다. 선착장에 조금이라도 늦게 도착하면 배를 못 타는 일도 종종 있다. 소야도에 갈 때는 여느 때보다 두세 배 부지런을 떨어야 한다.

Information

주소	인천시 옹진군 덕적면 소야리
찾아가기	인천여객터미널에서 덕적도로 먼저 간 후 덕적도에서 소야도 가는 배로 갈아탄다. 2시간 40분 소요
전화	070-4150-9463
도선료	어른 9,000원, 차량 4만 5,000원부터(배기량에 따라 차등 적용)
이용료	무료
편의시설	세면장, 샤워장(오후 5~7시만 개방), 매점, 민박집
주변 명소	소야도 죽노골, 소야도 작은목 해변, 덕적도 서포리 해수욕장

모두 ⓒ김홍규

캠핑에 발랄한 기운이 감돈다.
개성 넘치는, 파릇파릇한 젊은 캠퍼들의 캠핑 엿보기.

02

캠핑도 스타일이다

김재성

캠핑도 우선 예쁘고 본다
낭만을 업그레이드하는 비주얼 예찬

캠퍼 … 김재성(닉네임: 쏘리킴, 30세)
한 줄 talk … 타고난 비주얼 연출 감각이 아웃도어를 만났다.
　　　　　　눈길을 사로잡는 화보 같은 캠핑 현장
언제부터 … 2007년
얼마나 자주 … 틈만 나면 주말이고 주중이고 바깥으로
누구와 함께 … 봉구, 봉숙이와 함께하다가 지금은 봉숙이와 둘이서

　남양주 팔현 캠프의 단풍은 내장산 애기단풍 안 부럽다는 이야기를 여럿에게서 들었다. 선명한 단풍색에 혀를 내두르는 캠퍼들의 후기가 마음을 달뜨게 했다. 산길로 들어서자 색을 바꾸기 시작한 나무가 간간이 눈에 들어왔지만 아직 무르익지 않은 상태였다. 일주일만 더 늦게 왔더라면 그야말로 총천연색 단풍을 볼 수 있었을 텐데! 아쉬움이 더욱 컸던 건, 캠퍼 김재성(닉네임: 쏘리킴) 씨를 보여주기에 단풍만큼 든든한 백그라운드도 없을 거라는 데 생각이 미친 탓이다. 아웃도어 브랜드 광고의 한 장면 같은 그의 캠핑 현장에 가장 빛나는 계절이 곁들여진다면 더할 나위 없이 완벽할 테니까.

　"봉구네랑 같이 온 거야? 봉구네는 저 산꼭대기 3층에 혼자 올라가서 텐트 치는데? 아가씨들이 거기서 캠핑할 수 있겠어? 거기는 전기도 안 들어와."

　팔현 캠프의 주인장은 다짜고짜 걱정부터 해줬다. 개수대와 화장실이 가깝고 운동장같이 평평한 1층, 거기서 한 층 올라가면 펼쳐지는 2층의 솔숲, 소나무 사이사이를 쏙쏙 빠져나간 후 굉음을 내며 차를 몰아야 닿는 3층. 팔현 캠프에서 3층을 선택하는 이는 거의 없다. 설거지 한번

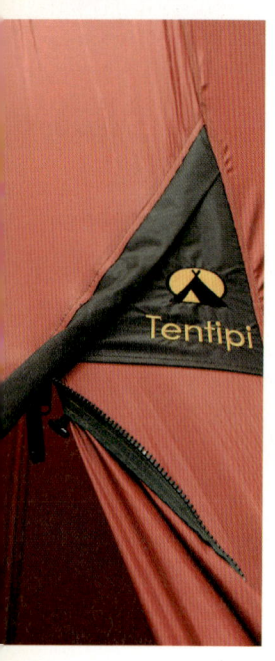

하려 해도 가파른 산길을 20분은 내려가야 하니까. 그런데 쏘리킴은 언제나 3층을 선택한다. 강아지 한 마리 데리고 깊은 산중에 꼭꼭 숨어서 예쁘디예쁜 장비를 늘어놓고, 그는 1박 2일 동안 뭘 하는 걸까? 지금부터 그 남자의 은밀한 취미생활을 훔쳐볼 생각이다.

일을 마치고 저녁 7시가 다 되어 도착한 쏘리킴은 오자마자 티피형 타프를 꺼내 설치하기 시작했다. 처음 보는 셸터. 이베이(eBay)에서 구한 텐티피 제품이라며 뚝딱뚝딱 펙을 박았다. 홍시 색깔의 유목민 타프를 설치하고서 그 옆에 '코끼리를 삼킨 보아뱀 모양(굉장히 특이한 모양새여서 달리 표현할 방법이 없다!)'의 묘한 돔 텐트를 던져놓았다. 역시 처음 보는 텐트다. 미국 모스사의 30년 전 모델인데, 경매로 '쟁취'한 거라고 했다. 은갈치색 테이블과 알루미늄 프레임에 천을 덧씌운 캠핑용 의자 대신, 그는 나무로 된 아늑한 탁자와 야트막한 라운지 체어를 내놓았다. 작게 접히고 무게도 얼마 안 나가는 캠핑용 목제품이었다. 이 남자가 물건을 하나둘 꺼내놓을 때마다 1분간 정적. 나오는 물건마다 시선을 뗄 수 없는 '세팅의 시간'이 10여 분 이어졌다.

꾹 참았던 질문을 숨도 안 쉬고 퍼부었다. 질문은 결국 하나였다. 이게 다 뭐냐고, 어디에서 났냐고.

"(노랑, 연두, 파랑 컵을 가리키며) 아, 이건 에말리아 제품인데요, 법랑 주방용기를 만드는 회사래요. 하나에 9,000원씩 주고 샀어요. 캠핑 브랜드에서 나온 것처럼 착착 겹쳐지지는 않지만 싸고 예쁘잖아요."

"(바닥에 펭귄이 음각된 시에라 컵을 집어 들며) 제가 시에라 컵을 좋아하는데, 도쿄 첨스 매장에서 산 거예요. 스노우피크에서 나온 게 3만 원 가까이 할 텐데 이건 9,000원도 안 줬어요. 그리고 손잡이 부분에는 코일

을 세 바퀴 감아서 '내 꺼'라는 표식을 했죠. 보통 다른 집 식기랑 섞이지 말라고 컵에 이름을 새겨 넣던데, 전 이렇게 철사로 표시했어요. 이름을 쓰는 것보다 독특하고 모양도 더 예쁘고 좋아요."

"(카멜색 가죽 커버를 씌운 동글이 부탄가스를 만지작거리며) 이건 루미에르 랜턴이에요. 빈티지하고 클래식한 분위기를 내는 데 이만한 게 없는 것 같더라고요. 국내 출시일을 못 기다리고 구매대행으로 사버렸어요."

루미에르 랜턴에서, 시골집에서 호롱불을 피우는 양 좁고 긴 불빛이 가늘게 솟아올랐다. 호롱불이 다 꺼질 때까지 그의 '예쁜 장비 예찬론'

은 끝나지 않을 것 같았다.

'곧 죽어도 비주얼!'을 외치는 그도 한때는 특정 브랜드 '빠'였다. 캠핑을 알게 된 후 뭇 캠퍼들처럼 장비에 빠져들었고, 하나부터 열까지 같은 브랜드의 제품으로 맞췄단다. 그게 멋인 줄 알았다고.

"그러다 문득 옆 텐트를 쳐다보니, 어라? 똑같은 거예요. 발 디딜 틈 없이 꽉 찬 캠핑장에 가서 한번 보세요. 갈색 텐트, 초록색 텐트를 빼면 몇 동이나 남을까요? 우리나라 캠핑장에서는 취향이라는 걸 찾아보기가 힘들더라고요."

캠핑장에서의 취향이라. 배부른 소리로 들릴지 모르겠다. 안 그래도 캠핑 장비 값 대느라 허리가 휜다는 아버지들의 푸념이 귓가에 맴돈다. 정해진 예산 안에서 가격 대비 성능이 뛰어난 걸 찾다보니 비슷비슷한 제품에 몰리게 되는 건 어쩔 수 없는 현실이라고, 숱한 캠퍼들이 되받아칠 소리다.

"물론 기능이 추가된 캠핑 전용 제품만 놓고 본다면 그렇죠. 그런데 식기를 살 때 스노우피크 대신 다이소 제품을 고려한다면 어떨까요? 아니면 평소에 좋아하는 주방용품 브랜드라든가요. 기능이 조금 떨어진다고 해도 시각적 만족도가 크고, 또 가격도 낮출 수 있고요."

'고가가 최고다'라는 인식, 한 방향의 유행에 너도나도 동참하는 분위기 때문에 국내 캠핑 신(scene)이 너무도 획일적인 것은 아닌지, 쏘리킴은 조심스럽게 말을 이어갔다. 그의 생각에 동의하지 않는 캠퍼가 절반, 아니 80퍼센트라고 치자. 나머지 20퍼센트, 그러니까 조금 불편함을 감수하더라도 내 취향이 드러나게 장비를 꾸리고 싶고, 남들의 이야기를 좇기보다 내 눈에 더 좋은 장비를 쓰려고 하는 이들이 분명 있긴 있을 테다. 그런데 캠핑장에서 이들 20퍼센트의 다채로운 모습은 전혀 찾아볼 수 없는 게 현실이라는 것.

"솔직히 말하면 저도 비주얼에 너무 집착하는 경향이 있기는 하죠. 장비 중심의 캠핑 문화가 잘못됐다는 걸 인지하면서도 나 스스로, 조금 다른 방식이긴 하지만 결국 장비 이야기를 계속 하고 있잖아요. 하지만 '옆 텐트에서 좋은 걸 쓰니까 나도 따라 사겠다'가 아니라 일종의 '컬렉터 마인드'로 접근해요. 캠핑 장비 중고장터가 얼마나 활발한지 아시죠? 샀다 팔고 업그레이드했다 또 팔고. 이걸 무한 반복하면서 장비 과잉이 나타나는 거죠. 제가 지금 갖고 있는 장비 중에 팔고 싶은 물건은 하나도 없어요. 숟가락 하나, 컵 하나에 내 색깔이 묻어 있고, 작고 사소한 물건을 하나하나 마련하는 과정이 저에게는 의미 있거든요. 캠핑이라는 취미 안에서 컬렉터적인 2차 취미를 찾았다고 할까요?"

최근 그의 컬렉터 기질을 발동하게 한 아이템은 돔 텐트다. 돔 텐트계의 클래식 모스 텐트, 돔 텐트의 끝판왕 MSR 제품 등 돔 텐트만 자그마치 5개다. 그가 앞서 비판했던 장비 과잉, 이게 장비 과잉이 아니고 뭐냐.

"스스로 '텐트 덕후'라고 표현할 정도에요. 누가 보면 '텐트 5개 쳐놓고 밤새 옮겨 다니면서 잘 것도 아닌데 뭐 하러 이렇게 사 모았을까' 하겠지만, 이건 순수한 컬렉터의 양보할 수 없는 고집 같은 거라고 해둘게요. 그런 거 있잖아요. 전 그냥 텐트가 순

수하게 너무 좋아요."

팽팽하게 당겨놔서 끊어질 것만 같은 일상을 느슨하게 하려고 캠핑 같은 번거로운 취미도 갖는 참에, 실용성만 따져서 정석대로 장비를 꾸리는 건 역시, 너무나 팽팽하다. 교조적으로 들리는 '캠핑 장비의 ABC'는 말 그대로 참고만 하고 내 개성대로 캠핑을 만들어가자는 게 쏘리킴의 입장이다. 텐트가 좋으면 텐트에 집중하고 코펠이 좋으면 누구도 따라오지 못할 코펠 마니아가 되면 그만이다.

그는 캠핑 문화가 일찌감치 정착한 미국이나 유럽, 일본의 캠핑 블로그를 유심히 살핀다고 했다. 우리네 캠핑 스타일보다 더 낫고 나쁘고를 떠나 다르고 다양하니까. 개성이 표출되는 포인트는 생각보다 사소한 곳이다. 텐트 위에 무심하게 걸쳐놓은 담요, 야외활동에 어울릴 것 같지 않은 묵직한 포크 나이프, 어수선한 싱글 아파트에서 들고 나온 듯 요상한 테이블보 같은 것. 하드웨어보다 소프트웨어로 멋 내는 센스가 몸에 밴 그들의 캠핑 문화는 사진으로만 봐도 솔직히 부럽다.

쏘리킴의 텐트 안을 들여다보면 소프트웨어가 강하다는 걸 직감할 수 있다. 거기에 쓰는 돈을 별로 아끼는 것 같지도 않았다. 초대형 사각 타프에 50만 원을 쓰는 것은 아까워하지 않는 캠퍼들에게 "펜들턴 담요가 10만 원인데 사실래요?"라고 물었을 때 기꺼이 지갑을 여는 이가 몇이나 될까. 쏘리킴이라면 낭만 값을 얹어 웃돈을 주고라도 살 테지만.

쏘리킴의 캠핑 사진을 보면 이런 소소한 디테일이 주인공인 양 돋보인다. 평범하기 그지없는 철제 간이 테이블의 다리를 빨간 페인트로 칠했고, 쓰기 편하고 물건도 많이 들어가는 캠핑용 수납가방 대신 초록색이 섞인 라탄 바구니를 놔두었다. 그의 텐트 안 풍경은 정제된 화보 뺨친다. 이 남자의 빼앗고 싶은 캠핑 현장은 사진발도 아니고 조명발도 아니었다. 텐트 안에는 촬영용 소품 같은 물건들이 가장 적당한 자리에, 가장 예쁜 모습으로 있었다. 그의 캠핑 후기는 불친절하다. 어디로 갔는지, 가서 무얼 했는지 전혀 알 수 없다. 그 대신 보고만 있어도 설레는 감성 충만한 사진으로 모든 걸 말한다.

쏘리킴을 만나자마자 그에게 건넨 것은 즉석에서 만든 꽃장식이었다. 캔 색깔이 샛노래서 예쁜 윌리안브로이 바이젠 맥주를 집어 냉큼 비우고, 거기에 들꽃을 한 움큼 꽂아 준비한 조촐한 웰컴 플라워. 그는 인터뷰를 하는 내내 잊을 만하면 '꽃장식이 예쁘다'는 말을 했다. 다음날 아침 옅은 볕이 비칠 때, 라탄 바구니 위에 어제의 꽃장식을 세팅해놓고 그는 연신 카메라 셔터를 눌렀다. 리빙 잡지에서나 보았을 법한 훌륭한 비주얼이었다.

모스 아웃랜드 텐트

MY FAVORITE
캠핑 사이트 디자인

"봉숙이랑 둘이서 다니니까 공간이 클 필요는 없지만, 작은 공간 안에서도 내 멋이 드러나면 좋겠어요. 딱히 캠핑용 기어가 아니더라도 내 사이트에 놓으면 좋겠다 싶은 건 들고 다녀요."

쏘리킴은 팔현 캠프에서 좀처럼 인기 없는 3층을 좋아했다. 나무와 나무 사이를 요령껏 비집고 들어가 꼭 필요한 공간만 사용한다 했다. 사이트가 넓어서 좋을 것 하나 없다며.

텐티피 티피형 타프

"거실 공간으로 겨울에 활용하는 티피형 타프예요. 밤에 화로를 따로 두지 않아도 보온 효과가 있고, 이 안에 앉아 있으면 몽골 유목민이 된 듯한 감상에 빠져들어서 겨울에 딱이죠. 캔버스 면 소재의 티피 텐트가 정석이기는 하지만 무겁고 비에 취약하다는 단점이 있어요."

그가 사용하는 티피형 타프는 폴리에스테르로 된 제품이다. 티피 텐트 고유의 운치를 포기하지 않으면서 편의성까지 높였다. 스마트한 장비 덕분에 캠핑이 더욱 즐겁다.

모스 아웃랜드 텐트

"티피 텐트 안에도 들어가는 2인용 돔 텐트예요. 여기서 봉숙이와 같이 자죠. 독특한 굴곡이 있는 텐트 프레임이 마음에 들어서 애용하는 제품입니다."

텐트 컬렉터인 쏘리킴의 눈에 든 돔 텐트. 우리네 캠핑장에서 쉽게 볼 수 있는 디자인은 아니다. '레어 템'이 주는 쾌감은 그래서 더 짜릿하다.

어네이티브 나무 테이블과 라운지 체어

그가 가지고 다니는 나무로 된 테이블과 의자. 캠핑장에서 목재 가구를 쓴다는 것은 대단한 고집이라 볼 수 있다. 보통은 캠핑 장비에서 휴대성과 기능성을 기대하기 때문이다.

"다른 캠핑용 테이블과 의자처럼 휴대성이 좋은 건 아니지만, 좀 불편해도 운치 있게 지낼 수 있는 공간을 만들어줍니다. 집에서 써도 무리 없는 원목 재질인데, 이런 걸 들고 나와도 괜찮더라고요."

이글루 물통과 라탄 바구니

"라탄 바구니를 하나 놔두면 지저분한 물품들을 싹 정리할 수 있어서 좋아요. 그 옆에는 이글루 철제 물통을 설치해뒀어요. 봉숙이가 물도 먹고, 제가 간단하게 손 씻을 때도 쓰지요."

MY FAVORITE
캠핑 기어

우리 봉숙이

"봉숙이 말고 봉구라고 한 마리가 더 있었어요. 마지막으로 같이 캠핑을 갔던 곳이 우음도인데, 그 후로 몸이 안 좋아져서 두 달 뒤에 죽었어요. 홍역 바이러스가 뇌로 올라가서 봉구는 죽고 봉숙이만 간신히 살려냈죠. 20대 중반부터 키우면서 내 가족이라는 개념을 느끼게 해준 애들인데, 봉구가 죽고 나니까 정말 힘들더라고요.

지금은 봉숙이랑 둘이서 많이 다녀요. 캠핑 장비를 소개해야 하는데 캠핑 동반자를 소개하는 셈이 됐네요. 그런데 봉숙이 말고는 딱히 꼽을 만한 게 없어요. 요즘 반려동물과 함께하는 캠퍼들이 많고 저도 그런 이웃들과 함께 캠핑하고는 해요. 이렇게 덩치가 큰 아이인데 겁이 얼마나 많은지, 작은 강아지만 봐도 놀라서 숨는다니까요. 다른 텐트에 가서 기웃거리지도 않아요. 얌전하니까 혹시나 캠핑장에서 우리 봉숙이를 봐

도 놀라지들 마시라고요.

  봉숙이랑 같이 캠핑을 다니면서 느낀 건데, 제가 얘한테 끊임없이 말을 걸어요. 알아듣는 것처럼 반응을 보이는 것도 같고 아닌 것도 같고. 그러면서 교감이 돼요, 정말. 특별한 행동을 안 해도 우리 둘만 아는 무언가가 있어요. 얘랑도 소통의 연결고리가 만들어지더라고요. 캠핑을 같이 다니면서 반려동물과 저와의 갭이 줄어들었어요. 캠핑을 정말 고마워하는 또 하나의 이유죠.

  봉구랑 같이 다닐 때는 이렇게 큰 개 두 마리가 코를 골아서 정말 괴로웠어요. 야전침대를 쓸 때였는데, 자다가 가위에 눌린 기분이 들 때가 있거든요? 그때는 두 마리가 다 제 위에 올라와 있는 거예요. 모래사장에서 뛰놀고 흙 범벅이 된 개 두 마리와 같이 잔다는 게 처음에는 불쾌했어요. 그런데 캠프는 기본적으로 바깥놀이잖아요. 여기까지 와서 깔끔 떠는 건 아니다 싶더군요. 캠핑 횟수가 늘면서 점점 여유가 생기고, 애들을 방치하게 되고, 그러면서 자연스러워졌어요.

  반려동물과 함께 오는 캠퍼를 꺼려하는 분이 꽤 있는 것으로 알고 있는데, 저 같은 사람한테는 캠핑의 이유가 되기도 하는 존재랍니다."

MY FAVORITE
캠핑 레시피

라면죽

"캠핑 가면 한 끼는 꼭 라면을 먹게 되잖아요? 야외에서 먹는 라면은 별다른 재료를 넣지 않아도 집에서 먹는 것보다 몇 배는 맛있지만 왠지 아쉬웠어요. 그래서 샤브샤브 식당에 가면 고기랑 채소를 다 건져 먹고 나서 달걀을 풀고 죽을 끓여주는 것을 응용해봤어요. 라면을 먹고 딱 5분만 손목을 돌려주면 근사한 라면죽이 완성된답니다. 캠핑 마지막 날 남은 찬밥을 버리지 말고 활용해보세요."

재료(2인분 기준)

라면 2봉지, 찬밥 1공기, 달걀 1개, 참기름 1큰 술, 깨 1작은 술

step 1. 냄비에 라면을 넣고 끓인다.
step 2. 라면과 국물을 덜어 먹는다. 국물은 반쯤 남겨둔다.
step 3. 남은 국물에 찬밥을 넣고 자작해질 때까지 잘 저어가며 끓인다.
step 4. 완성된 죽에 참기름을 넣고 깨를 뿌린다.

MY FAVORITE
캠핑 스폿

석갱이 오토캠핑장

마트와 옥션 등에서 구한 최저가의 장비만을 갖추고 떠난 쏘리킴의 첫 번째 캠핑. 목적지는 석갱이 오토캠핑장이었다. 지금과 비교하면 많이 부족한 첫 캠핑이었지만, 누구에게나 처음은 있고 또 처음이라서 값진 법이다. 자연 안에서 맛본 달콤한 휴식. 그는 캠핑의 본질을 느끼게 해준 장소라며 석갱이를 추천 캠핑장으로 꼽았다. 본격적으로 캠핑을 해보자고 생각하게 만들어준 장소라서 더욱 잊을 수가 없다. 요즘도 수평선 너머로 떨어지는 황금빛의 해와 바다가 보고 싶을 때 이곳 바닷가를 찾는다고.

Information

주소	충청남도 태안군 원북면 황촌리
전화	017-420-2875, 011-9043-6613
이용료	1박 1만 원
편의시설	전기 사용 불가, 샤워장 여름철 한시 운영, 매점
주변 명소	구례포 해수욕장, 학암포 해수욕장, 신두리 해수욕장

석갱이 오토캠핑장 ©김재성

우음도

사설 캠핑장에 익숙한 이들에게 우음도는 차라리 도전에 가깝다. 부대시설이 오밀조밀 들어차 있는 캠핑장, 나무 사이사이를 잘 비집고 들어가 자리를 꿰차는 데 익숙하다면 더욱 그렇다.

지금껏 봐온 캠핑장과는 차원이 다른 스케일. 우음도의 매력은 바로 여기에 있다. 우음도 하면 떠오르는 두 가지 강렬한 이미지는 끝도 없는 갈대밭과 선명한 낙조. 이 때문에 영화 촬영지, 사진가들의 출사지로도 각광받는다.

오지만이 줄 수 있는 해방감과 자유를 이곳에서 단숨에 감지한다. 광활한 자연 안에 점 하나로 스며드는 '진짜 캠핑'을 경험할 수 있는 우음도에는, 개수대는 물론 화장실도 없다. 물은 미리 챙겨 가야 하고 장작도 넉넉히 준비해서 떠나야 한다. 불편함을 기꺼이 감수하는 이유는 그곳에서 하루를 보내보면 비로소 온몸으로 알 수 있다. 봄, 여름에는 인근 축사에서 냄새가 나므로 가을, 겨울을 추천한다.

쏘리킴과 항상 함께 다니던 세상에서 가장 멋진 개 봉구와 마지막 캠핑을 한 곳이 바로 이곳, 우음도다.

Information

주소	경기도 화성시 송산면 고정리(육로로 연결됨)
편의시설	캠핑장으로 조성된 곳이 아니라 편의시설은 없다.
주변 명소	궁평항

김　김
용　성
환　희

첫 만남의 풋풋한 설렘을 되살려주는
아　웃　도　어　　　데　이　트

캠퍼 ··· 김용환(31세)·김성희(35세)
한 줄 talk ··· 밥 먹고 영화 보고 차 마시는 도시의 데이트를 아웃도어로 가지고 나왔다.
　　　　　　밥 해먹고 별 쬐고 모닥불 피우는 밤은 지겨울 틈 없는 데이트의 정석
언제부터 ··· 2008년
얼마나 자주 ··· 한 달에 한두 번
누구와 함께 ··· 둘이서 혹은 또래 커플들과 함께. 가끔 서로의 가족을 초대한다.

어느 광고의 한 장면.

"이번 주말에 뭐할까?"

"영화나 볼까?"

"지난주에 봤잖아."

"그럼 뭐, 맛있는 거나 먹으러 가든지."

"또?"

밥 먹고 영화 보고 차 마시기. 아니면 차 마시고 영화 보고 밥 먹기. 천편일률적인 데이트의 모습은 누구라도 공감할 만하다. 세 가지 옵션을 놓고 이걸 먼저 했다 저걸 뒤로 뺐다 해가며 뻔한 데이트를 한다. 보고만 있어도 좋고 손잡을 때마다 짜릿한 연애 감정이 10년이고 20년이고 계속된다면야 붕어빵 같은 데이트 코스도 별 문제 없겠지만. 그런데 연애 감정이 처음과 똑같이 쭉 이어지면 그건 병이라 했다. 감정 그래프는 예측할 수 없는 곡선을 그리는데, 데이트는 매번 예상을 벗어나지 않는다. 누군가는 3개월 만에, 혹은 6년 만에 싫증이 난다.

김용환 김성희 커플 역시 밥 먹고 영화 보고 차 마시기를 오래도록 했다. 자그마치 6년이나. 더 이상 뭘 해야 하는지, 뭘 하고 싶은지도 모르

는 권태가 둘 사이에 자리를 틀었다. 다툼이 잦아지고 데이트에도 심드렁해졌다. 그래서 그들이 선택한 비상구, 캠핑이다.

"아는 형이 스노우피크 카탈로그를 보여줬어요. 아웃도어 패션에 원래 관심이 많았는데, 이건 뭐, 패션이 아니라 '리빙'이 거기 있더라고요. 여느 남자들처럼 장비에 홀렸지요. 그래서 성희한테 제안했어요. 세상에 이런 재미난 놀이가 있더라, 우리가 어릴 적에 알던 캠핑하고는 다르게 무궁무진한 세계더라, 같이 해보지 않겠느냐 하고요."

창의적인 데이트 코스를 짜내는 대신 캠핑을 선택한 김용환 씨다. 야근이 많은 직업을 가진 탓에 주말에는 누구보다도 리프레시가 절실했던 김성희 씨는 남자친구의 이야기를 듣자마자 눈이 번쩍 뜨였다. 결혼한 부부라면 생활비 중 일부를 떼어내 캠핑에 투자하겠지만 연애하는 커플은 사정이 조금 다르다.

"각자 150만 원씩 내서 300만 원을 마련했어요. 교외로 나가 1박 2일을 보내려 해도 펜션 예약에 20만 원, 한 끼 식사에 5만 원은 족히 들어가니, 그 돈을 모아 캠핑 장비를 산다 쳤지요. 초반에는 거의 매주 가다시피 했어요. 그 돈으로 다른 걸 했다면 이렇게 만족하지는 못했을 거예요. 우리 둘 사이도 어땠을지 모르는 거고요."

김성희 씨는 지금도 그때 참 좋은 선택을 했다고 자부하며 연애에 지루해하는 주위 커플들에게 수차례 권하기도 했단다.

초기 비용으로 300만 원이면 가족 캠퍼의 관점에서는 턱없는 액수라 할 것이다. 둘만 다니면 되니까 모든 장비를 최소화, 소형화해서 300만 원으로 첫 살림살이를 마련했다. 텐트를 비교해보고, 센스 넘치는 숟가락 세트를 찾아보고, 캠핑 가서 입을 옷에 대해 이야기하고, 웹서핑을 하다가 발견한 랜턴을 어디서 구할지 고민하면서, 연애 1년차 커플처럼 할 이야기가 많아졌다.

캠핑 가서 가만히 있는 건 둘 다 별로 좋아하지 않는다. 낚시를 하거나 등산을 하거나, 그도 아니면 야구공이라도 주고받는다. 도시에서 놀 때는 볼링을 치는 게 그나마 몸을 움직이는 전부였는데 산으로 바다로 나오니 할 거리가 무궁무진했다. 둘 사이에 추억도 차곡차곡 쌓였다.

"지난해 가을, 유명산 근처에서 캠핑할 때였어요. 우리 말고 두 명이 더 있었는데, 오후 4시쯤이었나? 유명산 정상을 찍고 오자고 의기투합한 거죠. 해가 떨어지기 시작하면 산중은 금세 어두워지는데 겁도 없이, 어찌어찌 산을 오르기 시작했어요. 거의 뛰다시피 했지요. 정상 근처에 갔을 때 이미 해는 발갛게 익어서 넘어가고 있는 거예요. 정상에서 한 1분 쉬었나? 그리고 다시 후다닥 내려오는데, 그때쯤 되니 아주 캄캄하더라고요. 이 깊숙한 산에 딱 네 사람만 있는 기분. 오싹하면서 짜릿하고, 온갖 생각이 다 들었어요. 거의 다 내려왔을 때 용환이는 다리가 풀려서 제멋대로 춤을 추듯 캠핑장까지 걸어갔던 기억이 나요. 한여름에 계곡에 풍덩 빠져서 온몸을 흠뻑 적셔가며 어린애처럼 물놀이했던 기억, 동계 장비를 제대로 갖추지도 않고 한겨울에 캠핑 갔다가 텐트 안에

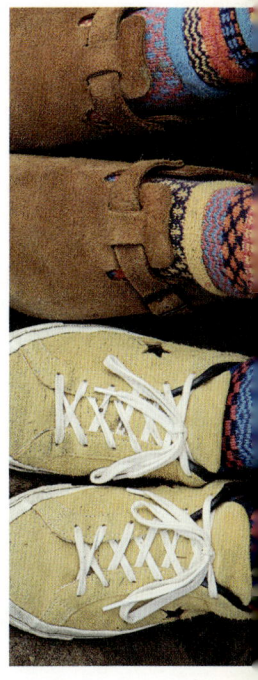

서 한 발짝도 못 나가고 전기장판이랑 한 몸이 됐던 기억, 얘깃거리가 참 많이 생겼어요."

요즘 이들이 캠핑장에서 가지고 노는 장비는 처음 마련했던 것과는 조금 다르다.

"장비가 워낙 다양하다 보니까 욕심이 생기고 바꾸고 싶은 마음이 들어요. 결국은 돈을 많이 써야 한다는 치명적인 단점이 있긴 합니다만, 이게 또 캠핑의 재미 아니겠어요? 지루할 틈이 없잖아요. 여기저기 다니면서 보는 게 많으니까, 견물생심이라고, 시도해보고 싶은 캠핑 스타일이 자꾸 생겨요."

캠핑 사이트를 꾸미는 게 취미인 김용환 씨의 말이다. 요즘 꽂힌 스타일은 좌식. 스웨덴 아웃도어 브랜드 트란지아의 알코올버너에 마음을 뺏겼는데, 이 버너 하나 때문에 캠핑 스타일 자체를 바꾸게 됐다는 것. 5센티미터 남짓한 높이의 알코올버너를 땅에 놓고 버너 위아래로 바람막이를 쳐주면 바람이 심하게 부는 악조건에서도 쉽게 조리할 수 있다고 말하는 김용환 씨의 눈이 반짝반짝한다. 버너 덕분에 나지막한 테이블과 의자를 마련하게 됐고, 허리를 펴고 드나들 수 있도록 높다랗게 설치하던 그늘막 대신 아늑한 돔 형태의 셸터를 꾸렸다. 김용환 씨는 이렇게 무언가에 꽂혀도 불필요한 장비를 내다 팔면 되니까 경제적인 부담이 생각보다 적다면서도, 슬쩍 여자친구의 눈치를 보았다. 여느 부부들처럼 여자는 적당히 하라며 말리고 남자는 장비 가격을 속인다. 그러고는 둘이서 입을 모아 마지막에 덧붙이는 말.

"이게 다 재미예요. 도시에서는 생각지도 못했던 재미."

다른 캠퍼들의 그것에 비해 유난히 화려하고 아기자기한 사이트는 오가는 사람들의 시선을 사로잡았다. 휴대전화를 꺼내들어 이들의 캠핑 사이트를 찍어 가는 이들도 여럿 있었다. 김성희 씨의 취향인 줄 알았더니, 남자친구가 어디서 저런 걸 다 구해 오는지 모르겠다며 혀를 내두른다. 김용환 씨는 일본 시부야 일대의 아웃도어 전문점을 샅샅이 훑어서 찾아낸 아기자기한 액세서리를 주렁주렁 매달아놓고 아이처럼 좋아하는 표정이다.

"이런 작은 액세서리들이 제 개성을 드러내주거든요. 장비를 척척 바꾸거나 마련할 수는 없는 노릇이니까, 가진 것들을 활용해서 색다르게 보이도록 꾸미는 데 열중하는 편입니다. 성희는 너무 과하다고 나무랄 때도 있는데 야외에서는 또 이렇게 화려한 맛이 있는 장식들이 어울리거든요. 사진을 찍어도 더 재미있고, 캠핑 사이트를 꾸미는 것 자체가 큰 즐거움이죠. 캠핑을 안 하시는 분들이 이런 질문을 많이 해요. '캠핑 가서 뭐 해?' 캠핑장 주변에서 할 만한 액티비티를 찾아 몸을 움직이는 것, 그리고 캠핑장에서 내 취향을 한껏 표현하며 만족감을 얻는 것, 전 이렇게 두 가지를 꼽습니다."

이 커플의 수상한 역할 분담은 계속됐다. 텐트를 치고 접는 일, 장작불을 피우고, 거기에 고기를 굽는 일 등 7할은 김성희 씨의 몫이었다.

"용환아, 여기 재봉선 보이지? 1/3 지점으로 접어야지."

"용환아, 토치 좀 가져와봐. 장작이 잘 말라서 불붙이기 쉽겠다."

"용환아, 고기 다 구웠으니까 가져가서 상 차려."

"이제 '용환아' 하고 부르기만 하면 쟤가 척하고 알아요. 내가 뭘 얘기하려는지, 뭐가 필요한지, 무엇을 할 타이밍인지. 호흡이 잘 맞아떨어지는 거지요. 텐트를 치는 건 보통 아빠들이 하는 것 같던데 저희는 어쩌다보니 제가 더 주도적으로 하게 됐어요. 텐트를 설치한 다음에 텐트 천이 예쁘고 판판하게 펴지도록 힘껏 당겨서 펙 박고 스트링을 연결하는 건 남자친구의 몫이죠. 어찌나 모양새에 신경을 쓰는지.(웃음)

캠핑 와서 하는 이런저런 일들을 여자들도 해보면 재미를 느낄 거예요. 아내 고생하지 말라고 그러는지, 아니면 잘 못하니까 차라리 혼자 하는 게 낫다는 건지 모르겠지만, 아내를 의자에 가만히 앉혀놓고 남편 혼자서 뭐든 다 하려는 경우가 많더라고요? 음, 전 잘 모르겠어요. 아직 결혼을 안 해서 그런가. 확실한 건 무언가를 함께한다는 것 자체가 우리 둘에게 긍정적인 에너지를 준다는 거예요. 이건 제 개인적인 반응일 수 있는데, 야외에 나와 있는 것만으로 100퍼센트 리프레시가 되지는 않더라고요. 몸을 움직이고 평소에 안 하던 것들을 하면서 새로운 자극을 받고 재미를 느껴요. 남자들만 그 과정에 흥미를 느낀다고 여기는데 꼭 그런 건 아닌 듯해요."

아웃도어에 최적화한 드문 여자, 섬세하고 미적 감각(?)이 뛰어나며 요

리 잘하는 남자. 캠핑을 하기 전에는 미처 몰랐던 의외의 매력을 알게 됐다. 게다가 비전형적으로 보이는 캠핑 역할 분담에 둘 다 매우 만족해하는 눈치다.

두 사람과 함께 캠핑한 날, 김성희 씨의 오빠네 가족도 바로 옆 사이트에 텐트를 치고 1박 2일을 같이 보냈다.

"남자친구 입장에서는 다소 어려운 자리일 수 있겠지만 고상한 음식점에서 대면하는 것보다 훨씬 자연스럽고 좋은 것 같아요. 조카하고 놀아주는 모습, 오빠랑 이런저런 이야기를 나누는 모습을 보는 것도 기분 좋고요. 용환이랑 오빠랑 둘만 있으면 아직은 좀 어색한데, 캠핑만큼 쉽게 사람 사이가 가까워지는 계기도 없더라고요. 그래서 가끔은 가족들과 같이 캠핑하는 자리를 마련해요."

9년의 연애사를 전반기와 후반기로 나누자면, 연애를 시작하고부터 6년이 전반, 캠핑을 시작한 후부터 지금까지 3년이 후반일 것이다. 스포츠 경기도 전반보다 후반이 짜릿하고 야구는 9회부터다. 우연한 기회에 입문하게 된 캠핑은 처음 만났을 때 못지않은 신선한 즐거움을 줬다. 그보다 더 반가운 것은 당분간 캠핑 덕분에 지루할 틈 없는 데이트를 이어갈 것이라는 사실이다.

스노우피크
트레일 트리퍼 텐트

아버지의 버너

MY FAVORITE
캠핑 사이트 디자인

"하루에도 몇 번씩 테이블을 이리 놓았다가 저리 놓았다가, 장식품을 여기 달았다가 저기 달았다가를 반복해요. 지루한 건 딱 질색이거든요. 사이트를 디자인하는 게 무엇보다 흥미로워요. 좋아하는 아웃도어 매거진을 캠핑장에 꼭 가져와서 봅니다. 다음번에는 더 멋진 사이트를 디자인해야지, 하면서요."

이너 텐트를 제거한 텐트 플라이

"스노우피크의 트레일 트리퍼 텐트예요. 오토바이를 타고 캠핑을 다니는 사람들을 겨냥한 텐트죠. 이너 텐트를 설치하면 성인 두 명이 누울 수 있는 공간이 나오고 그 앞은 물건을 수납하기 좋은 전실입니다. 저희는 이너 텐트를 떼버리고 내부 공간 전체를 거실처럼 사용하고 있어요. 커다란 타프를 설치하려면 어떤 각도로, 어느 위치에 설치해야 할지 엄청 고민되거든요. 그에 비해 시간도 절약되고 돔 형태라서 아늑한 맛도 있고요. 텐트라고 해서 무조건 잠자는 용도로만 쓸 필요는 없겠지요? 취향에 맞게 용도를 변경하면 꽤 그럴싸한 모양새, 개성 넘치는 사이트가 나온답니다."

MSR 허바허바 텐트

"이거 한번 들어보세요. 정말 가볍죠? 중량이 1.8킬로그램인데, 써보니까 내구성이 아주 좋더라고요. 납작 엎드린 구조라서 비나 바람에 강해요. 하나로 연결된 폴대 덕분에 설치와 철수가 쉬운 것도 장점입니다. 지지대를 이리저리 이을 필요 없이 탁탁 끼우기만 하면 뼈대가 완성돼요. 그리고 이건 제가 꼭 하고 싶은 말인데요, 이 세련된 노란색 어떤가요? 한국에는 몇 개 없는 노란색 허바허바 텐트랍니다!"

침낭을 대신하는 이불

"한겨울에는 얼굴만 내놓고 온몸이 쏙 들어가는 머미형 침낭을 쓰는데, 날이 풀리면 가벼운 이불을 가져와서 덮고 자요. 이불보는 성희가 한 땀 한 땀 손으로 직접 만든 거예요. 개성 있는 무늬가 마음에 들어요. 침낭 중에는 이런 걸 만나기가 쉽지 않지요."

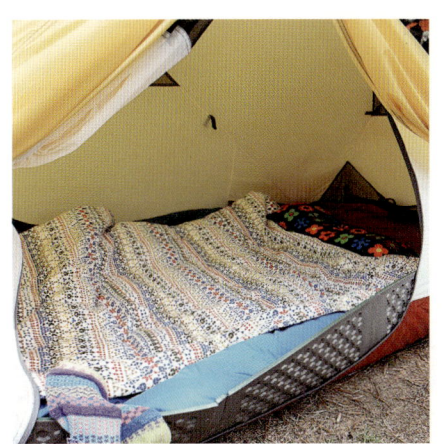

트란지아 알코올버너와 아버지의 버너

"캠핑 사이트가 전체적으로 야트막하지요? 이게 다 요녀석 때문이에요. 트란지아 알코올버너. 강력한 화력, 빈티지한 생김새가 퍽 마음에 들어서, 여기에 맞춰 좌식으로 꾸렸어요. 옆에 있는 버너는 30년 된 건데 저희 아버지가 젊었을 때 쓰시던 거래요. 지금도 짱짱하게 작동됩니다. 키친 공간이 이렇게 2개로 압축되다 보니 사이트 구성이 간결하고 빠르게 끝나요. 그 전에는 조리대 만들고 가스버너 설치하고, 좀 번잡했거든요."

MY FAVORITE
캠핑 기어

캠핑 사이트를 꾸미는 각종 액세서리

윈드밀 토이(나뭇가지에 대롱대롱 매다는 장식), 드림캐처(그물과 깃털, 구슬로 장식한 고리. 아메리칸 인디언은 드림캐처가 좋은 꿈을 꾸게 해준다고 믿었다), 프리스비 등 온갖 것이 다 걸려 있다. 셸터, 텐트, 나뭇가지 할 것 없이 걸 데만 있으면 주렁주렁 매달아두었다. 보는 이마다 똑같은 질문을 던진다.

"이런 건 대체 어디에서 구하는 거예요?"

모두 김용환 씨의 소장품이다. 일본에 가끔 갈 때마다 시부야에서 가장 많은 시간을 보낸다. 일본은 우리나라보다 캠핑 문화가 좀더 일찍 꽃을 피웠고 문화를 주도하는 캠퍼의 연령대도 다소 낮다. 그래서 필수는 아니지만 재미를 추구하는 캠핑 툴이 꽤 발달한 편이다. 게다가 요즘은 도심에도 아웃도어의 냄새가 진하게 배어 있다고 한다. 도시를 활보하는 보이스카우트의 시선을 사로잡는 건 바로 이런 캠핑 장식품들. 시부야의 멀티숍에서 흔히 볼 수 있는 것들이다. 김용환 씨가 틈틈이 사 모은 윈드밀 토이가 이제 좀 과하다 싶을 정도라서 여자친구는 말리기 바쁘다.

아마조나스 해먹

"아마존닷컴을 통해 구매한 브라질산 해먹입니다. 아이들이 있는 집의 필수품이기도 하지요. 그런데 애들이 좋아하는 건, 가만 보면 어른들도 다 좋아해요. 둘이 오붓하게 앉아 조곤조곤 얘기를 나누거나, 달콤한 낮잠에 빠지거나, 세상에서 가장 편안한 자세로 책을 읽고 싶을 때, 텐트 안은 갑갑하고 의자는 딱딱하고, 그럴 때 해먹이 딱이에요. 색상이 두 가지가 있었는데 제가 고른 이 제품에 '색상 : 햇살(sunshine)'이라고 표기되어 있더라고요. 이름이 참 예쁘면서 탁 들어맞는 느낌에 안 살 수가 없었어요."

MY FAVORITE
캠핑 레시피

볶음우동

"제가 성희한테 가장 자신 있게 해주는 요리예요. 철판에 볶아 먹는 요리여서 식사 후 설거지할 게 별로 안 나와요. 그래서 철수하는 날 점심으로, 네 명 이상이 끼니를 해결해야 할 때 자주 선택하는 메뉴입니다. 캠핑에서는 설거지가 간편한 것만큼 큰 장점도 없더라고요."

재료(4인분 기준)

생우동 600g, 양파 2개, 양송이버섯 3개, 베이컨 50g, 숙주나물 300g, 돈가스 소스 6큰 술, 마요네즈, 후추, 파슬리 가루 적당량

step 1. 팬에 기름을 충분히 두른 후 먹기 좋은 크기로 자른 재료를 양파, 버섯, 베이컨순으로 넣고 볶는다.
step 2. 채소가 어느 정도 익으면 숙주를 넣고 숨을 죽인다.
step 3. 뜨거운 물에 우동을 삶은 후 물기를 제거하고 팬에 넣는다.
step 4. 마지막으로 돈가스 소스를 뿌린 후 양념이 잘 배어들게 볶아준다. 마요네즈, 후추, 파슬리 가루 등을 취향에 맞게 곁들인다.

MY FAVORITE
캠핑 스폿

백로주 유원지 오토캠핑장

신생 오토캠핑장은 미끈한 외형에 편리한 부대시설을 갖추었다. 예약 시스템도 최첨단이다. 하룻밤 지내기에 편한 것은 사실이지만 왠지 마음이 푸근해지지는 않는다. 하지만 백로주 유원지는 수십 년 전부터 그 자리에 있어왔던 너른 풀밭과 숲을 품고 있다. 사이트 구획은 있으나 마나고, 사전 예약을 할라 치면 "당일에 오시면 돼요"라는 대답을 듣게 된다. 캠핑은 본래 그런 것이었지, 하고 새삼 느끼게 되는 이곳.

김용환 씨는 어릴 적 아버지와의 추억이 깃든 백로주 유원지를 추천했다. 오토캠핑이랄 게 따로 없던 시절, 백로주 유원지는 이름처럼 정직하게 유원지 기능에 충실했다. 행락철이면 어김없이 찾았고, 어린 남자아이의 눈을 반짝이게 하는 낚시야말로 유원지의 백미였다. 지금도 캠프 사이트 주변으로 낚시터가 있고 낚싯대를 빌려주는 시설도 마련되어 있는데, 캠퍼들을 꾀려고 허술하게 만든 장소가 아니라 오래전부터 민물낚시가 행해지던 곳이다. 그 당시에는 지금처럼 낚시터가 따로 마련되어 있지 않아서, 어슬렁어슬렁 걷다가 목 좋은 곳에 자리 펴고 앉아서 물고기를 잡았다. 미끼를 이용해 낚싯대로 한 마리씩 건져 올리는 방식과는 스케일이 달랐다고. 배터리를 강물에 담가서 전류를 흐르게 하면 순간적으로 물고기가 기절을 하는데, 이때 잽싸게 한두 양동이 건져 올렸다는 것이다.

ⓒ이원택

웬 고릿적 얘기냐고 반문했지만 김용환 씨는 진짜라며 재차 눈을 동그랗게 뜨고 목소리에 힘을 주었다. 한바탕 웃을 수 있는 믿거나 말거나 한 이야기. 분명한 건 백로주 유원지에 유년의 기억이 깃들어 있다는 사실이다.

Information

주소	경기도 포천시 영중면 금주리 694-1번지
전화	031-532-6600
이용료	1박 2만 5,000원
편의시설	전기 사용 가능, 샤워장(온수 가능), 개수대(온수 가능), 매점, 낚시터
주변 명소	포천 아트밸리, 허브빌리지, 운악산, 산정호수

몽산포 오토캠핑장

사전에 예약을 안 해도 되고 먼저 온 사람이 좋은 자리를 차지하는, 몇 안 되는 캠핑장이다. 금요일에 일을 마치고 캠핑을 떠날 때면 어김없이 최상의 자리를 차지할 수 있다. 보통 캠퍼들이 몰리는 시각이 토요일 아침이니 아무리 늦어도 그 전에는 캠핑 사이트 구축을 마친다.

새파랗게 우거진 솔숲, 그에 맞닿은 하얀 모래사장, 잔잔한 서해바다가 어우러져 있다. 많이들 찾는 경기도나 강원도의 산중과는 완전히 다른 바람과 풍경에 누구라도 마음을 빼앗길 것이다. 특히 몽산포에서 유리한 캠퍼는 작은 텐트를 가진 이들이다. 소나무 사이를 비집고 들어가 경치 좋은 곳을 차지하려면 우선 텐트가 작아야 한다. 거대한 거실 텐트를 칠 만한 공간 중에 몽산포의 진가를 느낄 만한 곳은 몇 안 된다. 맨눈으로 바닷가를 넉넉히 담을 수 있는 해안 가까이로 가보면, 나무와 나무 사이의 공간이 더 좁아져 웬만해서는 들어가기가 어렵다.

 바닷바람이 강하게 불어 3월에도 한겨울처럼 쌀쌀하고 백사장에서 날아온 모래 때문에 장비가 더러워지고 상하지만, 그래도 바닷가를 마주하고 텐트를 치는 데는 분명 이유가 있다. 한 번쯤이라도 마지막 남은 화로의 불씨를 죽이고 암흑천지로 변한 바다와 하늘을 느껴봤다면, 이른 아침에 텐트의 지퍼를 열자마자 서해의 말끔한 얼굴과 맞닥뜨려봤다면, 불편한 그 자리를 기어이 고집할 것이다.

Information

주소 충청남도 태안군 남면 신장리 358-3번지
전화 011-409-9600
이용료 1박 1만 5,000원, 전기료 5,000원
편의시설 전기 사용 가능, 샤워장(온수 사용 불가), 개수대(온수 사용 불가), 매점
주변 명소 몽대포구, 〈장길산〉 세트장, 안면도

임 루
운 나
석

내가 멈추는 그곳이 캠핑장
캠핑카 로망, 현실이 되다

캠퍼 … 임운석(41세)·루나(41세)
한 줄 talk … 여행, 밥벌이, 전천후 캠핑을 동시에 가능하게 한 강력한 무기,
'친서민' 캠핑카의 매력에 쏙 빠진 노마드 부부
언제부터 … 2011년
얼마나 자주 … 일주일에 4~5일 캠핑카에서 생활한다.
누구와 함께 … 아내와 함께

　북미에서 심심찮게 열리는 캠핑카 박람회 뉴스를 접할 때마다 입이 떡 벌어지는 가격에 제일 먼저 눈이 갔다. 반짝거리는 외관, 최고급 떡갈나무로 꾸민 내부 테이블, 호텔 화장실을 방불케 하는 깔끔한 세면 시설에 '멋지다!'를 연발하기도 전에, 가격이 마음을 짓누른다. 로망으로 삼기에 너무나 럭셔리한 당신. 글램핑('glamorous'와 'camping'의 합성어로 화려하고 럭셔리한 캠핑을 뜻한다)이 유행이다, 호화 캠핑카가 초호화로 점차 진화한다는 소리를 들어도 도무지 내 일 같지 않으니 감정이입이 안 될 수밖에. 랜턴 하나 사려고 마음먹기까지 3박 4일이 걸리고, 폭풍 가격 비교에 1박 2일이 더 든다. 조그만 장비 하나 사는데도 돈을 아끼려고 사력을 다하는 게 현실인데, 1억 원을 호가하는 캠핑카가 가당키나 할까.

　캠핑카는 여러모로 궁극의 캠핑이다. 엄청난 가격이 그 첫 번째 이유이고, 장소에 구애 받지 않는 전천후 캠핑이 가능하다는 것이 두 번째 이유다. 30박 31일도 거뜬할 것만 같은 쾌적한 시설에 군침이 돈다. 캠핑카 문화가 발달한 북미에서는 은퇴 후 캠핑카를 타고 대륙을 횡단하는 게 그쪽 사람들이 공유하는 버킷리스트라고 했다. 캠핑카 보급률이 가장 높다는 나라에서도 웬만한 결심으로 되는 일이 아닌가 보았다.

우리나라에서 캠핑카를 끌고 다니면 누구라도 대한민국 1퍼센트라 여길 것이다. 캠핑장에 종종 트레일러가 세워져 있는 걸 본 적은 있다. 주인으로 보이는 이에게 다가가 물으면 하룻밤 특별한 추억을 위해 빌렸노라고 답하는 이가 대다수였다. 캠핑 문화가 자리 잡은 지 불과 4~5년밖에 안 된 우리나라에서, 게다가 땅덩어리가 크지 않아 그 활용도마저 심히 의심되는 캠핑카를 소유, 유지, 보수한다니. 일주일에 5일을 캠핑카에서 보낸다는 임운석 씨의 대답은 의외였다.

"소나타 한 대 값으로 마련했는걸요? 이 캠핑카는 한마디로 친서민 장비예요. 이걸 끌고 휴게소에 가면 사람들이 수십 명은 몰려들어요. 첫 질문은 '이게 뭐예요?', 두 번째가 '얼마예요? 어디서 샀어요?', 그리고 마지막이 '참 부럽다'는 말이죠. 우리나라 사람들이 캠핑카에 관심이 많구나 하는 걸 매번 느껴요. 요즘은 첫 질문이 '이거 캠핑카예요?'로 바뀌었어요. 그만큼 많이 알아보죠."

임운석 씨는 우리나라 곳곳을 여행하

고 그 내용을 글과 사진으로 전하는 여행 칼럼니스트다. 비슷한 일을 하는 여행 작가나 칼럼니스트들이 취재를 떠날 때마다 잠자리를 걱정할 때 임운석 씨는 든든한 캠핑카를 끌고 떠난다. 매번 짐을 챙기거나 사전 준비를 할 것 없이 이 차에 몸을 싣기만 하면 된다. 이곳에서 잠도 자고 원고도 쓰고, 여차하면 다음 취재지로 곧바로 이동한다. 취재 베이스캠

프로 손색이 없다. 실제로 그는 일요일 저녁 취재를 떠나면서부터 돌아오는 금요일까지 캠핑카에서 산다. 캠핑카에서 주 5일 근무를 하는 셈이다. 여행 칼럼니스트와 캠핑카는 그야말로 최상의 조합을 이루는 한 쌍인 듯 보였다.

"여행 칼럼니스트라는 제 직업이 캠핑카를 소유할 충분한 근거가 됐지요. 이동식 집이자 사무실, 이동수단까지 되니까요. 그런데 캠핑카를 주문하러 가보니, 저 같은 특수직업군(?)이 아니라 오히려 평범하게 직장 다니는 분들의 관심이 더 대단하더라고요. 저처럼 일주일에 5일을 쓰는 사람조차 기성 캠핑카는 부담스러운데, 한 달에 서너 번 쓰려고 그 큰돈을 투자할 사람은 많지 않겠죠. 그래서 DIY로 눈을 돌린 것 같아요. 한두 가족이 공동으로 제작해서 돌아가며 쓰려는 이들이 있던데 그것도 괜찮은 방법이라고 생각해요."

말하자면 임운석 씨는 보통 캠퍼는 아니다. 팍팍한 일상을 뒤로하고 캠핑을 통해 리프레시를 꾀하는, '(그의 말을 빌자면) 평범하게 직장 다니는 분들'과는 다르다. 캠핑카에서의 삶이 일상이 되었으니까. 임운석 씨의 캠핑 스타일을 보고 그저 '부럽다'는 말만 하기에는 뭔가 끝이 개운치 못하다. 그래서 철저히 현실적으로 접근해보았다. 평범하게 직장 다니는 사람들이 캠핑카를 산다는 것은 정말 과욕일까, 돈은 얼마나 들까, 캠핑카 여행은 오토캠핑과는 어떻게 다를까.

임운석 씨가 DIY 캠핑카를 선택한 이유는 '가격, 입맛에 맞는 설계, 장소의 제약이 없는 폭넓은 활용도' 때문이다. 캠핑카를 눈여겨본 사람이라면 누구나 떠올릴 세 가지 체크 리스트가 그대로 담겼다. 캠핑카를 사기 전과 후의 일상이 매우 달라졌다는 그가 확신에 찬 목소리로, 집 겸 작업실 겸 캠핑 사이트를 소개했다.

우선 가격. 기성품과는 경쟁이 안 되는 저렴한 가격은 가장 큰 장점이다. 그의 캠핑카는 정말로 소나타 한 대 값이었다. 1톤 트럭을 중고로 구입했고 그 위에 컨테이너를 올렸다. 컨테이너 안에는 침실, 작업실, 주방, 화장실이 빈틈없이 들어차 있다. 컨테이너 하나를 싣고 다니는 화물용 트럭처럼 보이지만 트럭 뒷문을 열고 들어가보면 엄연한 캠핑카다. 트럭 값으로 1,000만 원, 캠핑에 필요한 공간 일체가 마련된 컨테이너 비용으로 약 2,000만 원쯤 들었다.

여기에 자신이 원하는 사양으로 캠핑카를 만들 수 있다는 점은 가격 경쟁력 못지않은 매력이다. 컨테이너 내·외부 설계는 임운석 씨와 그의 아내 루나 씨의 머릿속에서 나왔다. 작업용 테이블은 최소한의 공간에서 접었다 펼 수 있게끔 짜 넣었다. 화장실은 네덜란드 브랜드인 포타포티 제품으로 구입해 빌트인 설치를 부탁했다. 이동 중에 물건이 움직이지 않도록 그물망이나 벨크로테이프를 곳곳에 부착했다. 벙커베드(캠핑카의 상층부. 침실로 쓰이는 공간으로 다락방 같은 느낌이 난다)로 올라갈 때 발을 딛는 계단 앞에는 거울을 붙여 화장대로 쓸 수 있도록 했다. 싣고 다니는 물건들을 꼭꼭 숨겨놓을 수 있는 스마트한 수납공간은 최대한 많이 만들었다. 주방은 75리터짜리 냉장고, 가로 40센티미터 너비의 싱크대로 넘치거나 부족함 없이 꾸렸다. 자전거

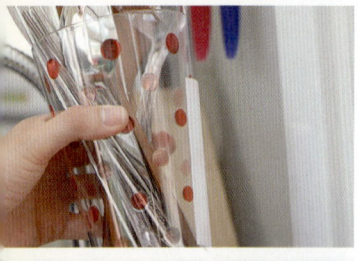

를 즐겨 타는 두 사람이 언제든 손쉽게 꺼내 탈 수 있도록 캠핑카 외부에 자전거 수납공간도 만들었다. 어닝 텐트(노천카페의 그늘막처럼 감았다 폈다 할 수 있는 형태)를 컨테이너 한쪽에 달아 볕 좋은 날 야외에서 소풍의 즐거움을 만끽할 수도 있다. 이 작은 컨테이너 구석구석에 두 사람의 손길이 안 미친 곳이 없다.

이처럼 알차게 공간 구성을 마친 그의 캠핑카는 기성품에 비해 훨씬 날렵하다.

"거대한 캠핑카로는 시속 60킬로미터만 내도 불안정하대요. 제 차는 시속 130킬로미터까지 끄떡없거든요. 물론 안전하게 시속 100킬로미터 이하로 주행하지만요. 운전하는 게 까다롭다거나 어렵다고 여긴 적은 없어요. 트럭 운전에 능숙하지 않아서 확장형 사이드미러를 장착한 게 전부지요."

캠핑카 상단을 밀어 올리면 벙커베드 공간이 만들어지는데, 이걸 접어 넣으면 야트막한 직사각형 모양으로 접혀 주행에 안정감을 더한다. 벙커베드를 접은 상태에서는 모양새도 그리 튀지 않는다는 장점도 빼놓을 수 없다.

기성 캠핑카는 전력 사용량이 엄청나서 전용 사이트가 아니면 제대로 이용하기 어려운데 캠핑카 이용자가 많지 않은 우리나라에 캠핑카 전용 사이트가 많을 리 없다. 자유롭게 돌아다니려고 캠핑카를 마련했는데, 오히려 장비의 덫에 갇혀버리면 그야말로 낭패다. 다행히 그의 캠핑카는 태양열 충전, 주행 충전(자가발전), 외부 충전의 세 가지 방식으로 전기를 공급

한다. 전용 사이트를 굳이 찾지 않더라도 어디서나 머물 수 있어 활용도가 높다.

"텐트 수십 동이 다닥다닥 붙어 있는 캠핑장을 이용하는 경우는 거의 없고 주로 공원 주차장을 이용합니다. 캠핑장은 보통 산중에 있어서 저처럼 취재하러 다녀야 하는 사람에게는 접근성이 좀 떨어지잖아요. 그래서 취재를 마치고 근처의 적당한 공원에서 하룻밤을 보낼 때가 많죠. 시간도 절약되고 기동성도 있고. 일부러 찾아가지 않아도 의외의 비경을 만나는 경우도 종종 있지요. 경주 첨성대 주차장에 차를 세워놓고 하룻밤을 보낸 적이 있어요. 벙커베드에 누워 창밖을 봤는데, 첨성대의 은은한 야간조명이 경주월성 유채밭에 비쳐서 풍경이 아주 기가 막히더라고요. 별을 보며 잠들 수 있는 것도 행운인데, 그날의 풍경은 정말 가슴이 두근거릴 정도였어요."

캠핑카를 이용하다보니 캠핑카 외의 장비를 마련하는 비용을 확 줄일 수 있었다. 캠핑 장비의 비싼 가격을 생각한다면 이 또한 장점이다. 캠핑카의 싱크대 아래를 열었더니, 여느 가정집에 있을 법한 압력솥, 바닥이 두꺼운 팬, 묵직한 냄비 등이 차곡차곡 포개져 있었다.

"초경량, 초소형을 내세우는 고기능성 제품을 굳이 고집할 필요가 없어요. 집에서 쓰던 것을 그대로 가져와 쓰죠. 특히 주방용품은 값비싼 캠핑 전용 제품은 거의 쓰지 않아요. 아무리 좋은 캠핑용 프라이팬도 집에서 쓰는 것만 못하더라고요. 식기나 조리도구는 아무래도 자그마한 게 좋으니까 캠핑카에 비치할 것으로 따로 샀어요. 캠핑 전문 브랜드에서 나온 건 아니고 대부분이 마트에서 저렴하게 산 것들이에요."

세상에 하나뿐인 DIY 캠핑카 구석구석을 둘러보고 내린 결론은, 캠핑카와 오토캠핑은 완전히 다르다는 것이다. 캠핑카는 캠핑보다 여행에 방점을 둔 이들에게 적합한 수단으로 보였다. 여행 유전자를 가진 노마드를 위한 완벽한 툴이다. 임운석 씨는 캠핑카 덕분에 그가 모토로 삼는 문구 "빛과 바람, 그리고 떠나고 싶을 때 떠나라"를 실천하는 삶을 살게 됐다고 말한다. 여행 칼럼니스트라는 자유로운 직업을 가지고는 있지만 그 전에 백패킹으로 강산을 떠돌던 시절에는 솔직히 서글플 때가 많았다는 것. 지금은 투자한 돈이 전혀 아깝지 않을 정도로 그럴듯한 노마드 라이프를 만끽하고 있다. 여유가 넘치고 낭만은 진해졌다.

임운석 씨는 얼마 전 아내에게 생일선물로 우쿨렐레를 사줬다. 그의 표현을 빌자면 '베짱이 간지'에 딱 맞는 악기란다. 캠핑카 안에서 자그마한 테이블을 사이에 두고, 남편은 원고를 쓰고 아내는 맞은편에서 우쿨렐레를 튕긴다. 가끔 아내에게 시를 읽어주기도 한다. 캠핑카의 아늑한 공간과 썩 어울리는 낭만적인 모습이다. 요즘은 캠핑카의 매력에 푹 빠져 취재 여행을 떠나지 않더라도 집 근처 고기리 유원지 주차장에서 캠핑카 놀이를 하기도 한다. 집 놔두고 차에서 잔다는 이야기만 들었다면 의아했지만, 그 차를 직접 보고 나니 고개가 끄덕여졌다.

　로망은 좀처럼 손에 잡히지 않는다. 캠핑카 로망은 다른 로망보다 더 멀리 있었다. 당장 통장을 털어 친서민 캠핑카를 덜컥 살 용기는 아직 생기지 않는다. 다만 저 멀리 가물가물 어른거리던 실루엣이 몇 발짝 앞에 또렷이 나타난 기분이랄까. 캠핑을 즐기는 노마드에게 담백하고 소박하게 잘 맞는 옷을 만난 날이다.

MY FAVORITE
캠핑 사이트 디자인

    캠핑카 안이 침실이자 거실이고 주방이다 보니 별도의 장비를 설치하는 일은 거의 없다. 캠핑카 내부가 이미 완성된 캠핑 사이트다. 가끔 캠핑장에서 만난 어린아이들이 캠핑카에서 꼭 한 번 자고 싶다는 눈길을 보내면 그때는 흔쾌히 2인용 텐트를 꺼내 쓴다는 두 사람. 낮 시간에는 캠핑카에 달린 어닝 텐트를 적극 활용한다. 사용도 간편해서 언제 어디서든 간편 피크닉 모드를 세팅하는 데 걸리는 시간은 단 5분.

꼭꼭 숨어 있는 화장실

캠핑카에 화장실이 완비되어 있다 했는데, 캠핑카에 들어서서 한참을 둘러봐도 화장실 비슷한 것은 눈에 띄지 않았다. 입구 오른편에 있는 선반 하나가 좀 과하게 크다 싶은 생각은 들었지만 그게 설마 화장실일 줄이야. 이 선반 뚜껑을 열어 고정시키면 가리개 역할을 하고, 그 안에는 작고 귀여운(?) 변기가 들어있다. 이동식 변기 전용 오물 분해 세제가 있어 냄새 걱정, 뒤처리 걱정은 없다. 분해하고 난 찌꺼기는 버리기 쉽도록 정해진 통 안으로 들어간다. 물론 뒤처리는 남편 임운석 씨가 도맡아 한다고.

이동 중에도 흐트러지지 않는 미니 주방

2구짜리 가스레인지, 40센티미터 너비의 개수대에서도 뭐든 해먹고 깔끔하게 치울 수 있다. 잠자리에 들기 전 양치하고 세수하는 것도 여기서 해결한다. 가스레인지 옆에 75리터짜리 냉장고가 들어갈 공간을 짰다. 냉장고 안에는 그물망을 달아두어서 이동 중에 음식물이 쏟아지거나 하는 일은 웬만해서는 안 생긴다. 냉장고 문 자체를 고정하는 고리도 튼튼하게 달았다. 다시 한 번 강조하는 캠핑카의 기본은 고정과 수납. 벨크로테이프를 붙여 싱크대에 고정시킨 수저통, 칼꽂이, 쟁반 등이 눈에 띈다.

낭만적인 벙커베드

이 캠핑카에는 창이 무려 8개나 있다. 그중 가장 멋진 건 잠자는 공간인 벙커베드에 큼지막하게 난 2개의 창이다. 잠자리에 누워 창밖을 바라보면 어김없이 별이 보인다. 도란도란 이야기 나누기 좋을 벙커베드는, 솔직히 말해 처음에는 다소 삭막했던 것을 루나 씨가 직접 레이스로 장식하고 풋풋한 시트를 깔아 분위기를 낸 것이다.

여기저기 수납공간

의자를 열면 각종 식재료, 부탄가스, 화장지, 양념통, 와인, 운동기구, 소화기 등이 빼곡히 들어차 있다. 그물망에 가로막힌 침구를 드러냈더니 그 안은 아담한 책장 겸 세면도구, 화장품을 넣을 수 있는 공간이다. 베짱이 간지를 완성하는 우쿨렐레 2개가 꼭 맞게 들어가는 자리도 있다. 접이식 자전거는 아무리 작게 접어도 캠핑카 내부에 보관하는 게 여의치 않을 것을 감안해 바깥에서 넣고 뺄 수 있도록 차체 외부에 수납공간을 따로 짰다.

어닝 텐트

두 사람에게는 넉넉하고 네 사람에게는 오붓한 그늘막이 차체에 달려 있다. 어닝 텐트를 뽑아내서 폴 2개로 지지하면 설치 끝. 어닝 텐트 아래에는 간이 테이블도 숨어 있다. 좀더 자유롭게 사이트 구성을 하고 싶은 날에는 별도의 자그마한 테이블을 펼친다. 테이블보를 씌우고 빈티지한 램프와 예쁜 머그잔, 드립커피 머신을 올리면 소풍 모드 완성. 밤에는 그 자리에 화로대를 놓고 여느 캠퍼들처럼 불놀이를 즐긴다.

어닝을 차 아래로 당겨서 고정시키면 빔 프로젝트를 이용해 영화를 볼 수 있는 훌륭한 스크린으로 기능한다. 어닝의 숨은 기능까지 따지면 생각보다 활용도가 꽤 높다고.

MY FAVORITE
캠핑 기어

4인용 피크닉 세트

노마드 부부는 와인을 즐겨 마신다. 와인과 함께 양식을 그럴듯하게 준비했는데 식기가 받쳐주지 않으면 아무래도 기분이 나지 않는다. 그래서 마련한 4인용 피크닉 세트. 고기 구울 때 쓰는 도구 일체, 소형 도마, 와인 코르크 오프너, 소금 후추 양념통, 포크 나이프 세트, 차분한 무늬의 식탁 매트, 접시 세트, 그리고 플라스틱 와인 잔. 이 모든 것이 가로 40센티미터 남짓한 가방 안에 알차게 들어 있다. 가방 후면은 보온 기능이 있는 포켓이다. 클래식한 느낌이 드는 색감이어서 더욱 마음이 간다.

MY FAVORITE
캠핑 레시피

오이 샐러드

"캠핑하러 오면 아무래도 육류를 많이 먹지요. 그러다 보면 입안이 텁텁해서 뭔가 상큼한 걸 찾게 돼요. 그래서 개발한 오이 샐러드입니다. 애피타이저로 먹기도 하고 디저트로도 잘 어울리죠. 집에서도 가끔 만들어 먹는데, 쉽고 간편하지만 비주얼은 꽤 그럴싸해서 기분 전환용으로도 아주 좋아요. 무엇보다 상큼한 식감이 일품입니다."

재료(2인분 기준)

오이 1개, 방울토마토 2~3개, 달걀 2개, 마요네즈, 소금

step 1. 오이는 먹기 좋은 크기로 잘라 'ㄷ' 자 모양으로 속을 파낸다.
step 2. 달걀을 삶은 후 곱게 으깨어 소금으로 간한다. 흰자, 노른자를 분리해 준비하면 모양이 더 예쁘다.
step 3. 속을 판 오이 안에 준비한 달걀을 채워 넣고 방울토마토를 반으로 잘라 그 위에 올려주면 완성.

토르티야 피자

"토르티야만 준비하면 순식간에 피자를 만들 수 있어요. 그것도 프라이팬으로. 보통 피자는 간식으로 간단히 먹기에는 적합하지 않지요. 그렇다고 캠핑 와서 피자로 한 끼를 해결하자니 뭔가 아쉽고요. 그럴 때 썩 괜찮은 음식이 토르티야 피자입니다."

재료(2인분 기준)

토르티야 2장, 토마토 파스타 소스나 케첩 2큰 술, 당근, 양파, 파프리카, 피자치즈, 올리브오일, 파슬리 가루

step 1. 약한 불에 팬을 올려 토르티야를 넣고 그 위에 토마토 파스타 소스나 케첩을 얇게 바른다.
step 2. 당근이나 양파 등 토핑을 취향에 따라 선택한 후 먹기 좋은 크기로 잘라 토르티야 위에 올린다.
step 3. 피자치즈를 뿌리고 뚜껑을 덮어 익힌다. 10분쯤 후 파슬리 가루를 뿌려 낸다.

MY FAVORITE
캠핑 스폿

또올래 캠핑장

캠핑카 덕분에 반드시 전용 캠핑장을 찾지 않아도 되는 임운석 씨가 꼽는 최고의 캠핑장은 어디일지 궁금했다. 숲이 우거지고 계곡을 낀 장소. 누구라도 그런 곳이라면 엄지를 번쩍 추켜세우지 않을까. 마침 이날 임운석 씨를 만난 곳은 가평 명지계곡을 낀 곳이었다. 뒤로는 자작나무 숲에서 사각사각 소리가 들려왔고 앞으로는 거침없는 물소리가 경쾌했다. 자작나무의 잔가지 사이로 비치는 빛이 특히나 멋지다고 그가 덧붙였다. 작업하기 좋고 글쓰기도 좋은 조용한 환경을 찾다보니 사설 캠핑장을 갈 때면 덜 알려진 곳을 선호한다.

Information

주소	경기도 가평군 북면 적목리 119-1번지
전화	010-2918-7780
이용료	데크 사이트 5만 원, 노지 사이트 3만 원(연박 시 1만 원 할인, 전기 사용료 포함)
수용 규모	250동(데크 30동, 노지 220동)
편의시설	화장실, 샤워(온수 가능), 실내 실외 개수대, 매점, 카페 겸 식당, 펜션형 민박 3동
주변 명소	석룡산 계곡, 자작나무숲

강민규

바람이 허락할 때 떠난다
아날로그 캠핑의 진수, 카누 캠핑

캠퍼 ··· 강민규(40세)
한 줄 talk ··· 카누에 캠핑 장비를 싣고 물길 따라 떠나는 설렘.
　　　　　　예민하고 섬세한 카누 캠핑으로 자연에 스며드는 아웃도어의 참맛을 느낀다.
언제부터 ··· 2006년
얼마나 자주 ··· 날씨가 허락하는 주말마다. 카누 캠핑이 여의치 않으면 오토캠핑을 즐긴다.
누구와 함께 ··· 솔로 캠핑 혹은 여자친구와 둘이서 호젓한 뱃놀이와 캠핑을

　카누를 타고 캠핑을 떠나는 낭만적인 캠퍼가 있다는 이야기를 듣고 무릎을 탁 쳤다. 대중적이지도, 쉽지도 않을 거라 짐작은 되지만, 오토캠핑 일색의 캠핑 문화에 새로운 바람을 불어넣는 시도 자체가 일단 반가웠다.
　"언제 기회 될 때, 같이 카누 타고 캠핑하러 가요."
　카누 캠퍼 강민규 씨의 제안에 두 번 생각 않고 그러겠노라 약속했다. 당장에라도 떠날 기세였지만 반년이 지나서야 체험할 수 있었다.
　'언제 기회 될 때.' 이 말은 실로 까다로운 조건이었다. 사람들끼리 스케줄을 맞추는 건 일도 아니었다. 카누 캠핑을 하려면 사람도 사람이거니와 '바람'과 스케줄을 맞춰야 했다. '언제 기회 될 때'는 바람과 물살이 허락할 때다.
　세 번의 시도 끝에 간신히 카누에 몸을 실었다. 늦가을 춘천 물레길에서 한 차례, 다음해 벚꽃이 흐드러진 4월 섬진강에서 또 한 번, 모두 성난 날씨 때문에 물가에 카누를 띄워놓고 오도카니 바라만 봤다. 그리고 5월의 쾌청한 어느 날, 삼고초려하는 마음으로 다시 나섰다.

우선 장비는 최소한으로 꾸린다. 2인용 카누의 최대 하중은 400킬로그램이지만 공간이 넉넉지 않다. 물에 빠지거나 흠뻑 젖을 일은 거의 없지만 아무래도 물길을 지나가야 하니 드라이백(Drybag : 레저용 방수 가방)이 좋겠다. 색색의 드라이백 5개에 깔끔하게 정리한 짐을 실었다. 초보자도 쉽게 노 젓는 법을 배울 수 있다. 오른쪽으로 젓다가 팔이 아프면 왼쪽으로 저으면 되는 합리적인 구조. 한 손으로 노의 뭉툭한 끝부분에 손바닥을 대고 다섯 손가락으로 감싸 쥔 후 다른 한 손을 어깨너비로 벌려 편안하게 노를 잡는다.

"노를 저을 때는 15도 각도로 찔러 넣고 뒤로 쭉 당겨요. 그리고 나서 패들의 넙적한 부분 위아래가 각각 강과 하늘을 향하도록 손목을 꺾어요. 물길과 평행이 되게. 바람의 저항을 최소화시켜 앞으로 다시 가져오는 거지요. 이때 패들에서 물이 차르르륵 하고 떨어지는 소리를 들어보세요. 물소리가 이렇게 아름다웠나 싶어요."

강민규 씨는 차르륵 차르륵 하는 물소리 사이사이에 조용히 카누 예찬론을 폈다. 몇 차례 노를 젓다보니 몸에 리듬이 붙었다. 물을 밀어내고 손목을 돌리고 노를 앞으로 가져오고. 리듬에 맞춰 몸은 자연스럽게 움직이고 오감은 풍경에 집중한다. 새 소리, 물 소리, 바람 소리가 육지에서와는 다른 톤으로, 더욱 가까이서 들리는 듯했다. 한 번만 타봐도 느낄 수 있는 카누의 매력은 편안함이다. 물에 떠 있다는 생각에 사로잡혀 불안하지 않을까 했지만 서너 번 노를 저은 것만으로도 불안감은 없어지고, 물과 바람과 풍경을 온몸으로 느끼고 있었다.

"사람이 물을 이렇게 가까이서 느끼는 일은 아주 드물어요. 노를 저으면서 내 몸이 물을 밀고 나가는 걸 오롯이 느낄 수 있지요.

카누를 타면 시선이 달라져요. 보통은 섬에서 물을 바라보잖아요? 그런데 지금은 여기 소양강에서 중도를 바라보며 가고 있어요. 시선이 달라지면 풍경도 달리 보입니다. 이미 알고 있던, 늘 봐오던 장소인데 전혀 새롭게 다가오죠."

그가 이토록 카누에 빠져든 것은 자연친화적인 매력 때문이다. 나무로 만든 카누를 타는 행위는 카약이나 다른 종류의 배를 타는 것과는 느낌이 완전히 다르다. 카약이 익스트림 스포츠의 형태로 발전해갔다면

카누는 호젓한 여가의 도구다. 서정적이고 클래식하고, 추억에 젖게 만드는 특유의 힘이 있다. 공해도 없고 시끄러운 소리도 나지 않는다. 요란한 행위 하나 없이 자연에 녹아드는 치유 그 자체다.

"2010년 11월, 춘천 소양강에서의 카누잉을 잊을 수가 없어요. 춘천 공지천에서 출발해 소양강 쪽으로 두 시간 남짓 카누를 타고 갔죠. 새벽의 물안개 하며 철새들은 감동적이었어요. 수풀지대와 갈대숲 사이에 텐트를 치고 모여 앉아 긴긴밤 이야기를 나누었지요."

카누와 캠핑을 함께하면서 남들이 보지 못하는 비밀스러운 풍경을 접했고, 남들이 알지 못하는 나만의 비밀 캠핑장을 여럿 갖게 됐다고.

2006년 캠핑에 입문했다는 그 역시 시작은 오토캠핑이었다. 오토캠핑 인구는 해를 거듭할수록 늘어나 봄철부터 가을까지 예약은 필수요, 많은 사람들이 북적대는 가운데서 캠핑을 하는 수밖에 없었다. 자연과 가까워지는 게 좋아 시작했는데 본래의 즐거움은 줄어들고 사람들과 어울리기만 하는 것이 많이 안타까웠다. 그래서 떠올린 것이 카누였다.

"발길이 닿기 어려운 곳에 카누를 타고 들어가 캠핑을 하면 어떨까 생각했죠. 그게 여의치 않다면 오토캠핑을 하더라도 잠시나마 카누를 타고 조용한 곳에 들어가 망중한을 느껴보고 싶었어요. 카누는 결국 자연과 더 가까워지는 방법이었지요. 카누를 타면서 한적한 곳에서 잠시 쉬기도 하고 낚시도 했지요. 그때만큼은 부러울 것이 없습니다."

카누는 인공적인 캠핑 문화에 자연의 맛을 곁들이는 강력한 도구 중 하나다. 카누 캠핑은 북미에서 꽤 대중적인 액티비티라고 한다. 강줄기를 따라 국립공원이 펼쳐져 있는데, 이 물길을 타고 가며 여행하는 것이다. 한 사람은 노를 젓고 다른 한 사람은 낚싯대를 드리운다. 경치 좋은

곳이 나타나면 거기에 텐트를 치고 하룻밤 묵는다. 물에 풍덩 빠져도 보고 카누에서 낮잠도 잔다. 우리나라는 아직 물길이 부족한 형편이다. 실제로 가볍게 도전할 수 있는 카누 캠핑 루트는 몇 안 된다. 앞으로 더 많은 물길을 개척(?)하는 것이 자신의 숙제인 것 같다는 강민규 씨. 카누 캠퍼 1세대 격인 그는 레저 문화가 지금보다 좀더 확대되고 다양해지기를 바라고 있다. 카누 캠핑까지는 아니더라도 가족 레포츠의 하나로 카누의 참맛을 알았으면 하는 바람이다.

"가족끼리 캠핑을 간다고 하지만, 대개 어른은 어른끼리 아이들은 아이들끼리 놀아요. 숲에서 뛰어놀고 흙을 만지는 정도에서 대부분 만족하지요. 가족이 함께 참여하는 레포츠가 있다면 캠핑이 더 의미 있지 않을까요? 카누는 이상적인 가족 캠핑의 매개가 될 수 있다고 봐요. 한 배에서 느끼는 유대감, 같은 풍경을 공유하는 것, 함께 노를 저어 목적지로 가는 과정과 도달했을 때의 성취감은 무엇과도 비교할 수가 없죠. 이렇게 말하면 좀 낯간지럽지만, 제가 생각하는 카누는 가족의 행복이에요."

인공적인 요소를 최대한 배제한 채 물 한가운데로 느릿느릿 파고들어 자연의 참맛을 느끼는 일. 이 모든 것이 다른 장비는 가져다줄 수 없는 카누만의 매력이다.

비가 내리면 타프에 비가 떨어지는 소리를 들으며 진한 커피를 내려 마시는 요즘 캠퍼들. 날씨가 좀 거칠어도 오토캠핑은 끄떡없다. 바깥으로 나와서도 집에 있을 때만큼 안정감 있게 지낸다. 그에 비하면 카누 캠핑은 참 까다롭고 예민한 방식이다. 누군가는 불편하다 할 것이다. 카누를 띄워놓고 배에 실을 짐을 정리하다가도 문득 공기가 심상치 않다. 바람이 세게 불겠다 싶으면 일단 보류다. 온몸의 촉을 세워 바람을 읽어내야 한다. 이날도 한두 시간 안에 바람이 강하게 불 것 같았고, 중도 유원지에 도착할 때까지 한 시간가량 노를 저었는데, 도착할 즈음 역시나 배는 심하게 흔들렸다. 섬에 도착해 캠핑 사이트를 꾸리고 난 후에도 계속해서 바람과 하늘을 관찰하게 되었다. 다른 때 같았으면 '몇 시에 출발해야 차가 덜 막힐까' 하는 생각에 온 신경을 곤두세웠을 텐데 말이다. 캠핑을 하면서 이토록 자연에 눈길을 주고 귀를 기울인 게 얼마만인지.

캠핑의 매력으로 아날로그 감성을 많이들 꼽지만 편의성을 따지다보면 아날로그의 맛은 옅어진다. 편리함을 얻은 만큼 캠핑 본연의 자연친화적인 면은 잃는 것이다. 캠핑이 좋았던 건 자연에 스밀 수 있어서였다. 카누 캠핑은 캠핑에 빠져들었던 처음의 마음을 되돌아보게 했다.

힐레베르그 돔 텐트

트란지아 스톰쿠커와
좌식 테이블

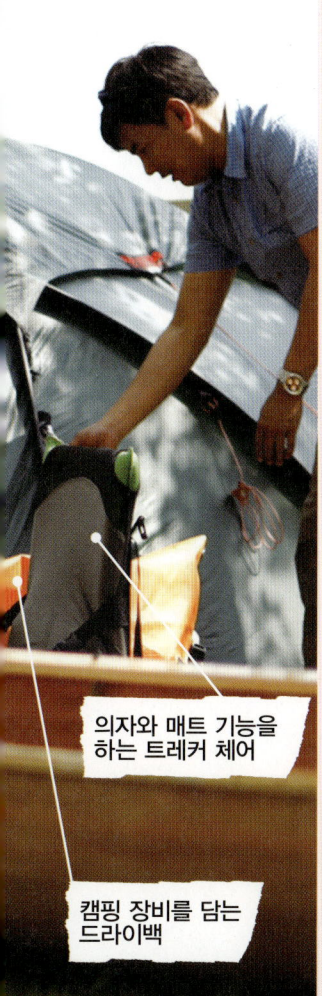

의자와 매트 기능을 하는 트레커 체어

캠핑 장비를 담는 드라이백

MY FAVORITE
캠핑 사이트 디자인

"돔 텐트 하나, 야트막한 테이블과 의자만 있으면 사이트 구축이 끝나요. 저도 초반에는 장비를 많이 가지고 다니면서 늘어놓듯 설치하고는 했죠. 그런데 카누에 실으려니까 자연히 간소하게 변했어요. 텐트 하나만 있으면 솔직히 웬만한 건 다 해결되더군요. 장비를 축소하면서 휴식을 취하거나 책을 읽는 시간을 벌었죠. 사설 캠핑장에서는 사이트를 선택하는 데 한계가 있어요. 캠핑장 주인이 권하는 곳에 치게 되거든요. 그래서 요즘에는 캠핑장이 아니라 카누를 타고 가서 제가 좋아하는 풍경이 있는 곳을 찾아 캠핑을 합니다."

캠핑에 필요한 모든 장비를 담는 드라이백

"카누에 싣기 위해 드라이백에 모든 장비를 다 담았어요. 주황색 가방에는 코펠과 먹을거리, 좌식 의자와 테이블은 파란 가방에, 초록색 가방에는 텐트, 노란 가방에는 옷가지와 랜턴이 들어 있죠. 장비가 이게 전부라서 사이트 구축하는 일이 15분이면 충분해요. 장비를 꺼낸 후 엎어놓은 카누 안에다 쏙 집어넣으면 사이트가 한층 깔끔하게 정리되지요."

힐레베르그 돔 텐트

"4인용과 8인용 중 상황에 맞게 선택합니다. 천장이 높고 통기성이 좋은 8인용은 겨울에 많이 이용해요. 내부가 넓어서 거실 텐트를 따로 칠 필요 없이 이것 하나로 다 해결되거든요. 카누 캠핑을 할 때는 좀더 간편한 4인용 돔 텐트를 씁니다. 겉에서 보기에는 2인용 텐트 같지만 안에 들어가보면 생각보다 넓어서 다들 놀라요. 장비를 수납할 공간 역시 넉넉하고요. 이너 텐트와 텐트를 덮는 플라이 시트 사이가 적당히 떨어져 있어서 통기구를 열면 다락방 느낌도 나죠. 아날로그적인 매력이 숨어 있달까요."

트란지아 스톰쿠커와 좌식 테이블

"저처럼 콤팩트한 게 중요한 캠퍼에게 꼭 맞는 장비예요. 웬만한 조리도구 기능을 다 갖췄거든요. 프라이팬, 냄비, 주전자로 그때그때 바꿔가며 쓸 수 있으니 딱이에요. 야트막한 트란지아 쿠커와 어울리는 건 좌식 테이블이겠지요. 착착 접어서 수납하기 좋은 1인용 테이블을 함께 펴놓고 여기서 간단한 음식을 해먹어요."

의자와 매트 기능을 하는 트레커 체어

캠핑 장비 중에 부피가 크고 무게도 많이 나가는 것을 꼽으라면 단연 의자다. 특히 릴랙스 체어는 세로 길이가 꽤 긴 터라 의자 2개만 해도 벌써 한 짐이다. 좌식 모드의 간편한 캠핑에 어울리지 않는다. 강민규 씨가 사용하는 트레커 체어는 비슷한 고민을 하는 이들에게 괜찮은 대안이다. 매트를 의자 모양으로 접어서 고정하면 등받이 부분이 탄탄한 의자로 변신한다. 풀밭에 눕고 싶을 때는 쫙 펴서 이용한다.

| MY FAVORITE
| **캠핑 기어**

카누

　오토캠핑에 지쳐가던 강민규 씨에게 캠핑의 참맛을 일깨워준 장비, 카누. 춘천 물레길 사무소에 가면 카누 크래프트 공방을 볼 수 있다. 거대한 캐노피 텐트 안에 한창 제작 중인 카누와 톱, 끌, 망치 등 각종 공구가 정갈하게 놓여 있다. 뜻이 있는 사람이라면 나의 카누를 내 손으로 직접 만들어내는, 가슴 뛰는 경험을 할 수 있다. 우든 카누는 기계로는 만들 수 없다. 모든 공정에 사람 손이 필요하다. 그만큼 클래식하고 자연에 가깝다. 강민규 씨가 타는 카누 역시 그가 직접 만든 것이다. 카누 제작 학교에서 하루 여섯 시간씩 10일을 투자하면 나만의 카누를 가질 수 있다.

MY FAVORITE
캠핑 레시피

지역색이 묻어나는 맛집을

"솔직히 요리를 거의 안 해요. 캠핑을 가면 그 지방의 맛집을 찾아가죠. 요리를 한다고 해도 다들 하는 것처럼 고기를 구워 먹거나 회를 사다 먹는 정도지요. 그리고 종종 지역 장터에 가서 그곳에서 나는 식재료나 특산품을 삽니다.

지난번 섬진강변으로 캠핑을 갔을 때는 매화마을이 지척이어서 매실 막걸리를 한번 사봤어요. 독특한 지역색이 묻어나는 특산품이잖아요. 직접 꼼꼼하게 준비해온 음식을 먹는 맛도 좋겠지만, 그러면 뭔가 특별한 경험이 덜한 것 같아서요. 이왕 여기까지 왔으니 이곳 음식을 먹어보자 하는 마음도 있고요. 이런 것을 '공정 캠핑'이라고 이름 붙이면 좀 쑥스럽긴 하지만 웬만하면 지역에서 나는 걸 많이 접해보려고 해요."

MY FAVORITE
캠핑 스폿

중도관광리조트 오토캠핑장

국내에서 가장 유명한 캠핑장으로 꼽히는 곳 중 하나다. 캠핑 성수기 때는 넉넉 잡아 2주 전에 예약해야 자리를 잡을 수 있을 정도로 인기가 뜨겁다. 차를 가지고 섬에 들어가려면 근화동 선착장을 이용한다. 첫 배는 아침 8시, 마지막 배는 저녁 7시다.

강민규 씨처럼 카누를 타고 들어가는 경우는 매우 드물다. 그가 중도유원지를 추천한 조건은 '카누를 타고 들어갈 것.' 춘천 물레길에서 중도까지 한 시간 남짓 물길을 타고 서서히 섬에 다다르면 색다른 아름다움을 느낄 수 있다. 보통 그러하듯 선창에서 모터로 기운 좋게 움직이는 배를 타고 들어갈 때와는 느낌이 완전히 다르다. 저 멀리 중도가 어떻게 생겼는지 찬찬히 뜯어보게 되고, 좀더 가까워지면 바람에 느릿느릿 움직이는 웅장한 나무의 모양새에 집중하게 된다. 그러고 나서 나룻배 몇 대를 세워둘 만한 자그마한 포구를 통해 중도에 진입한다.

춘천 도심에서 손쉽게 카누로 접근할 수 있는데다 중도가 품은 넉넉한 자연이 누구나 쉽게 도전할 수 있게 한다. 카누를 타고 들어갈 만한 몇 안 되는 물길 중 하나가 바로 이곳, 중도로 향하는 물레길이다.

Information

주소	강원도 춘천시 중도동 603번지
전화	033-242-4881
이용료	1박 3,000원, 주차요금(승용차 2,000원부터) 별도
입장료	어른 1인 5,300원
도선료	차량당 4,000원
편의시설	전기 사용 가능, 취사장(3곳), 매점(3곳), 휴게소, 낚시터, 자전거, ATV 대여

캠핑이 선사한 두 번째 인생.

캠핑을 만나 삶이 달라졌다는 캠퍼들이 전하는 캠핑의 참맛.

03

나의 재발견

안남근

캠핑 바비큐의 달인
캠핑하다 사업까지 벌이다

캠퍼 ··· 안남근(닉네임: 산막타, 46세)
한 줄 talk ··· 취미로 시작한 캠핑이 2년 만에 사업이 된 사연
언제부터 ··· 2009년
얼마나 자주 ··· 한 달에 두세 번
누구와 함께 ··· 주로 가족과 함께. 온라인 카페 회원들과 정기 캠핑을 가지기도 함.

　캠핑 인구 100만 시대. 그중에 내로라하는 캠핑 전문가들도 많겠지만, 바비큐 200인분, 생맥주 6만cc를 거뜬히 공수해 펼쳐놓는 이가 어디 흔할까? 남양주의 캠핑파크(네이버 카페 '캠핑퍼스트'와 '캠핑파워'의 1호 대리점이다) 개업식에서 어마어마한 분량의 직화구이를 준비해 능란하게 대접하는 안남근(닉네임: 산막타) 씨를 본 캠퍼라면, 과연 캠핑 바비큐의 달인은 뭐가 달라도 다르다는 걸 느꼈을 테다. 웨버 그릴 두 대를 준비해놓고, 한 번에 5킬로그램씩 시뻘건 고기를 막힘없이 척척 올린다. 그릴을 200도까지 달군 후 두툼한 삼겹살 중앙의 핏기가 가시도록 초벌구이한다. 30분에 한 번씩 그릴 이쪽저쪽을 재빠르게 오가며 고기를 '사수'하는, 비장해 보이기까지 하는 그 모습! 캠핑 요리, 특히 바비큐의 달인 산막타의 손놀림에는 유명 셰프에 비견될 만한 노련함이 있었다.

　캠핑에서 바비큐가 빠지면 무슨 재미로 긴 밤을 지새울까. 온갖 휘황한 요리를 준비해도 바비큐 없이는 속옷만 입고 모피를 두른 양 뭔가 어색하고 아쉽다. 그만큼 캠핑에서 바비큐의 영향력은 대단하다. 산막타가 고기 굽는 모습만 봐도 캠핑 현장이 활활 달아오르는구나 싶은 것이, 한시도 눈을 뗄 수가 없다. 고기 잘 굽는 캠퍼를 많이 봤다지만 그

의 바비큐는 더욱 특별하다. 육즙 가득 머금은 삼겹살만큼이나 군침 도는 그의 반전 인생 이야기가 함께 펼쳐지기 때문일까.

산막타는 열혈 캠퍼에서 캠핑용 바비큐 쇼핑몰 '위켄드조이'의 창업자로 변신했다. 그간 야외 주방을 꿰차고 콧노래를 부르며 아내와 아들을 위해 만들었던 숱한 요리를 계량화한 것이다. 매주 그의 시즈닝을 거친 보드라운 고기를 사들고 캠핑에 나서는 이들이 이미 수백 명에 이른다. 마트에서 산 삼겹살을 그릴에 구워 쌈장과 채소를 곁들여 먹으면 되는 걸 뭣 하러 웃돈까지 줘가며 전문 바비큐몰을 이용할까 싶은데, 한 번 맛본 이들이 두 번 세 번 기꺼이 지갑을 여는 데는 다 이유가 있다. 마트에서 이것저것 정신없이 담다보면 10만 원은 우습게 깨지는 상황에서 꼭 필요한 소스와 적량의 바비큐 재료를 준비해주는 서비스는 이미 많은 캠퍼들에게 인정받았다.

캠핑을 업으로 삼으리라고는 상상도 못했다는 산막타의 첫 캠핑은 2009년 5월로 거슬러 올라간다.

"제 닉네임이 산막타, '산을 마구잡이로 타는 사람'입니다. 제가 속한 산악회의 회원 등급인데, 초급은 '산탈래', 중급은 '산좀타', 마지막으로 상급이 '산막타'예요. 캠핑하기 전부터 트레킹 같은 아웃도어 활동에 관심이 많았죠. 그런데 결혼하고 아이까지 생기다 보니 혼자서는 다닐 수가 없더라고요. 지금까지 제 취미는 다 혼자 하는 거였으니까요. 그래서 캠핑에 눈을 돌리게 됐어요."

산막타의 첫 캠핑은 두 아들을 위한 어린이날 선물이었다. 예전에 사용하던 텐트와 새로 구입한 코베아 와우 텐트, 릴랙스 체어 등 장비는 얼마 되지도 않았다. 캠핑에 입문하기로 마음먹고서 중고 장터에서 일괄 구입한 것.

"첫 캠핑의 시행착오는 누구나 겪는다지만, 던지기만 하면 설치되는 코베아 와우 텐트를 도로 접어 넣는데 30분이나 낑낑댄 걸 생각하면 지금도 웃음만 나와요."

5월이지만 가평의 산중에 위치한 캠핑장은 여전히 쌀쌀했고, 텐트 앞에서 모닥불을 피우느라 밤을 꼬박 새운 기억이 아련히 남아 있단다. 다행히 가족들, 특히 아내가 캠핑에 거부감이 없어 이후로도 꾸준히 떠날 수 있었다.

산막타에게 캠핑의 꽃은 바비큐와 화로대다. 어릴 적 추운 겨울날 아버지와 함께 남한산성 근처 은고개 계곡에 놀러 가 삼겹살을 구워 먹던 기억이 또렷하다고 했다. 그 맛과 향이 지금껏 떠나지 않는다고. 재료가 특별하다거나 별다른 양념이 있는 것은 아니었지만 값진 추억이 그 맛을 오래도록 간직하게 했다. 캠핑에

빠져든 것은 그때의 냄새와 기운이 되살아났기 때문은 아닐까? 그 기억이 지금의 사업에까지 영향을 미쳤다.

캠핑을 시작할 낭시 와인 선문 레스토랑 체인 사업을 하던 산막타는 캠핑과 연계할 만한 사업거리를 찾게 됐단다. 한마디로 캠핑에 너무 빠져들어 모든 생활이 캠핑을 중심으로 돌아갔다는 이야기다. 캠핑을 가면 술을 많이 마시니까 월요일과 화요일은 술 약속을 줄이고, 수요일에는 장비를 점검하고 더 필요한 물품을 주문한다. 목요일은 끼니별 레시피를 고민하는 시간이다. 적어도 네 끼 이상은 먹으니 보통 일이 아니다. 금요일은 동행과 약속을 정하고 다음날 떠날 시간만 기다리며 발을 동동 구르는 식. 이쯤 되면 일이 제대로 안 된다. 회사에도 마이너스, 나에게도 마이너스다. 그러다 보니 '캠핑이 일이면 얼마나 좋을까?' 하고 머리를 굴렸다.

"원래 요리에 관심이 많았어요. 집안이 한정식집을 해왔거든요. 어릴 적부터 된장, 고추장 담그는 걸 유심히 봤고, 어떻게 저런 맛을 내는지 자연스레 호기심을 갖고 살았어요. 혼자 자취하면서 배추김치, 열무김치, 깍두기, 물김치까지 김치만 4종으로 담가 먹는 남자 본 적 있어요? 제가 그랬다니까요. 음식, 맛, 요리에 관심이 있으니 와인 프렌차이즈 사업도 한 것이고요. 제가 캠핑 다니는 걸 보더니 우리 직원들이 '캠핑을 그렇게나 좋아하면 취미를 살려서 캠프 요리 관련 쇼핑몰을 하는 게 어떻겠냐'고 툭 던지더군요. 그렇게 전매특허 캠핑 요리 패키징 상품에 꽂혔죠. 좋아하는 것을 하면서 돈까지 번다니, 완전히 날개를 단 거죠. 그 전에는 그저 나가 노는 게 전부였는데 이제 명분이 생겼으니까요."

사업 초반에는 모든 캠핑이 일종의 실험이었다. 캠핑 온 사람들과 어젯밤 조미한 바비큐를 나눠 먹고 싱거운지, 짠지, 향이 강한지, 애들은 좋아하는지를 꼼꼼히 체크했다. 간이 되어 있어도 소스에 찍어 먹는 걸

좋아하는 우리나라 사람들의 식성을 파악한 후에는 간을 확 빼고 시즈닝을 했다. 캠핑 횟수가 늘어날 때마다 리뉴얼 버전이 뚝딱뚝딱 나왔다. 평일에는 동네 노인정 뒷마당에서 실험을 이어갔다. 연기에, 냄새에 어르신들께 죄송스러웠지만 고기로 벌충하는 셈 치고 바비큐 테스트를 계속했다. 그것도 나름대로 즐거운 기억이다.

"바비큐는 과학이에요. 굉장히 투박하고 대충대충 하는 것처럼 보이지만 계량화된 수치가 숨어 있다니까요. 지름 57센티미터짜리 웨버 그릴에는 차콜 47개를 넣어요. 47센티미터짜리에는 37개를 넣죠. 57센티미터짜리는 고기 20인분이 적량이에요. 온도는 반드시 200도를 맞추고요. 훈연목이 좋다고 지나치게 많이 넣으면 안 돼요. 정확한 위치에 정해진 개수만 딱 넣어야죠. 과학적인 매뉴얼이 먼저고, 적절한 임기응변이 필요해요. 그날의 바람과 기온에 따라 미묘한 변화를 줘야 하거든요. 그래서 매뉴얼과 함께 경험이 중요한 거죠.

제가 이렇게 캠핑 요리로 사업하는 것을 보고서 몇몇 캠퍼들이 거리를 두더라고요. 순수하지 않아 보였겠죠. 그것 때문에 마음고생도 많았는데 어느 순간 다 받아들이게 됐어요. 바비큐만큼은 전 그들보다는 프로니까 방대한 경험치로 터득한 것들을 그 사람들과 공유하면 되겠다 싶었지요. 고깝게 볼지는 모르지만, 기꺼이 앞장서서 가르쳐줄 마음이 있어요. 어울리지 못하면 이끌어줘도 되는 거니까요. 바비큐 교실을 여는 것도 다 그런 이유고요."

산막타는 속내를 술술 풀어내면서 뜨끈한 등갈비을 자꾸 내왔다. 대한민국에서 등갈비 요리를 제일 잘한다는 을지로 고깃집에서 맛본 것과 전혀 다른 깊은 맛이 있었다. 포도나무 훈연목에서 나온 향이 배어 있고, 와인에 푹 담가 숙성시킨 덕분에 고기는 야들야들했다. 두 시간이나 공을 들여 만든 푸짐한 쪽갈비를 그릴에 넣어놨다가 접시가 비면 쏜살같이 새로 한 접시를 내놓았다. 이야기가 익어가고 술이 늘어날수록 민망할 정도로 많은 갈빗대가 발밑에 수북이 쌓였다.

 음식 만드는 일을 좋아하는 사람들은 공들여 상에 올린 음식을 맛있게 먹는 사람의 표정에서 행복을 느낀다. 산막타도 마찬가지다. 내 음식을 맛보는 사람들의 표정, 그걸 가장 생생하게 느낄 수 있는 게 캠핑의 매력이라고 했다. 주방에서는 절대 못 느끼는 현장감이 살아가는 힘이고 재미다. 오늘 이 자리처럼, 처음 본 사람이 자신의 음식을 맛있어 하는 그 모습을 보는 것이 산막타에게는 최고의 순간이리라.

 그는 요즘 바비큐 이외에 술안줏거리를 상품화하는 중이라 했다. 참치회, 랍스터, 시메사바(고등어회) 등 좋은 사람들과 나눠 먹었던 것들인데, 반응이 좋아 이것도 사업으로 확장할 생각이다. 꼭 제품을 만들겠다는 목적을 가지고 캠핑을 가는 건 아니지만 자연스레 아이디어가 떠

모두 ©안남근

오른다고. 아이 때문에 시작한 캠핑이 사업이 됐다. 그럼에도 캠핑의 첫째 목적은 여전히 아이들과 좋은 시간을 보내는 것이다.

　마흔 줄에 새로운 사업을 시작한 그는 아직 가야 할 길이 멀다. 사회에 첫발을 딛는 스무 살 같은 불안함과 가슴 뛰는 묘한 쾌감이 공존한다고 했다. 캠핑이 단순히 취미를 넘어 삶의 지표를 바꾸는 계기가 됐다는 아주 특별한 캠퍼 산막타가 마지막으로 남긴 당부의 말은, 누구에게나 캠핑이 이토록 강력하게 작용하는 건 아니라는 것. 그러니 덜컥 장비부터 사서 뛰어들지 말고, 처음에는 반드시 방문자로 참여해보라는 조언이다. 한 번의 이벤트로 끝날지, 아니면 사업을 통째로 바꿔버린 누구의 경우처럼 인생을 뒤흔들지 알 수 없는 일이니까.

MY FAVORITE
캠핑 사이트 디자인

"단출하게 식구들만 갈 경우에는 식수대, 화장실과 가까운 곳이 1순위입니다. 하지만 일행이 많을 때는 이런 곳은 피합니다. 그런 장소에는 다른 텐트도 많은데, 아무래도 여러 팀들이 모이면 늦은 시간까지 어울리게 되어 옆 텐트에 피해를 줄 수 있으니까요. 그럴 때는 한가한 곳에 자리를 잡습니다."

산막타는 바닥도 중요하게 봐야 한다고 강조한다. 배수가 잘되는지, 송진이나 꽃가루 같은 오염 물질은 없는지 살핀 후 텐트에서 타프와 주방 공간순으로 세팅한다. 아이들이 특히 좋아하는 해먹을 설치하는 것도 잊지 않는다.

야전침대

페리노 텐트

"제가 가지고 있는 페리노 텐트는 우리나라에 하나밖에 없는 모델이에요. 지인 중에 수입상이 있는데, 샘플로 가져온 걸 쓰고 있거든요. 에베레스트의 베이스캠프에서 사용하는 산악용 텐트죠. 좌우로 룸이 2개 있는 이너 텐트 투룸 구조라서 가족끼리도 부부와 아이들이 독립된 공간을 사용할 수 있다는 장점이 있어요."

키가 큰 편인 그는 대부분의 텐트가 허리를 숙여야 할 정도로 천장이 낮아서 허리가 아픈데, 페리노 텐트는 천장이 높아서 더욱 맘에 든다고 했다.

야전침대

"이너 텐트 대신 야전침대 3개를 붙여서 사용해요. 아내와 두 아이가 누우면 딱 맞아요. 지금 사용하는 야전침대는 미군용 중고인데 튼튼하기로 정평이 나 있죠."

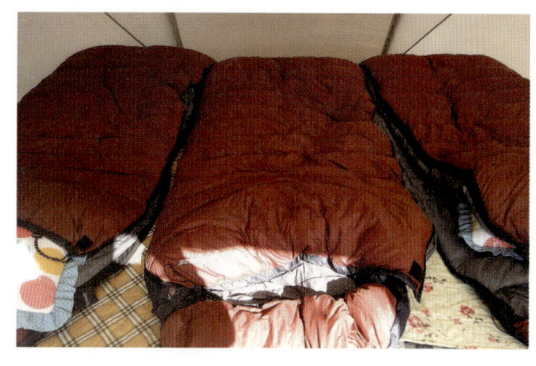

캠핑프로 사각 타프

"저희 사이트에는 항상 방문객이 많이 찾아와요. 열 명 넘게 의자에 앉아도 좁지 않은 넉넉한 크기의 사각 타프를 사용하죠. 국내 브랜드인 캠핑프로의 사각 타프는 방수와 발수 능력도 탁월해서 장마철에도 걱정 없답니다. 바람이 많이 부는 곳에서나 겨울에는 사각 타프에 어닝을 연결해서 사용합니다."

MY FAVORITE
캠핑 기어

오피넬 나이프

"요즘 캠퍼들에게 많은 사랑을 받고 있는 칼입니다. 1890년 프랑스의 칼 제조 장인인 조셉 오피넬(Joseph Opinel)이 알프스의 산악인들을 위해 제조한 주머니칼로, 100년 넘게 같은 디자인을 고수하고 있어요. 유럽 아웃도어 마니아 사이에서는 스위스의 빅토리녹스 칼보다 더 인기를 끌고 있죠. 손잡이가 단풍나무, 호두나무, 너도밤나무 등 다양한 소재로 되어 있는데 오래 쓸수록 반질반질하게 길이 든답니다. 보기보다 가벼워서 사용하기도 편해요."

뮤타워

"5만 원도 안 줬는데 50만 원 이상의 가치를 하는 장비가 하나 있어요. 바로 외장 스피커가 달린 MP3 플레이어 '뮤타워'입니다. 아내한테 생일선물로 사달라고 했어요. 부부가 캠핑을 하다보면 어지간한 선물은 캠핑 장비로 귀결되고는 하죠. 전 아내 생일에 선글라스를 사줬어요. 그전에 쓰던 건 우리 애들이 망가뜨렸거든요. 캠핑 장비는 아니지만 캠핑장에서 아주 잘 쓰고 다니죠.

캠핑장에서 바비큐와 음식을 많이 만들어서 그런지 손님도 많아요. 이때 맛있는 음식도 좋은 대접이지만 상대방과 잘 어울리는 음악 또한 빼놓을 수 없는 중요한 메뉴라고 생각합니다. 분위기 있는 음악과 맛있는 요리를 함께 즐기는 거죠. 그러니까 제 레시피의 마지막 단계는 선곡이 아닐까 싶네요. 예전에는 티악 라디오를 사용했는데, 부피가 크고 건전지 사용량도 많은 편이었습니다. 그래서 MP3 플레이어에 휴대용 스피커를 연결해서 듣던 중에 뮤타워를 선물 받은 거죠. 작지만 강력한 사운드, 충전식으로 이틀은 거뜬 사용하는 경제성, 그야말로 명품이죠. 요즘은 아침에 화장실에도 가지고 갑니다."

MY FAVORITE
캠핑 레시피

오리 주꾸미 볶음

"5분 만에 가능한 요리, 오리 주꾸미 볶음을 골라봤어요. 보통 '쭈삼(주꾸미와 삼겹살)'을 먹는데, 삼겹살 대신 오리고기도 주꾸미와 잘 어울리더군요. 즉석 볶음밥과 함께 먹으면 한 끼 식사로도 든든합니다."

재료(2인분 기준)

주꾸미 팩 1봉(위크앤조이 제품), 훈제 오리 200g, 양배추 1/2개, 양파 1/2개, 깨 조금, 새우볶음밥 팩 1봉(위크앤조이 제품)

step 1. 훈제 오리를 먹기 좋은 크기로 자른다.
step 2. 달궈진 팬에 훈제 오리와 주꾸미를 넣고 볶다가 양배추와 양파를 잘라 넣는다.
step 3. 달궈진 팬에 새우볶음밥을 볶는다.
step 4. 완성된 오리 주꾸미 볶음과 새우볶음밥을 함께 낸다.

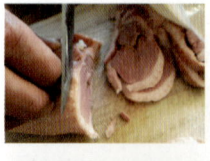  

MY FAVORITE
캠핑 스폿

화천 딴산 유원지

"화천군에서 만든 무료 캠핑장인데 맞은편에 인공폭포가 시원하게 펼쳐져 있죠. 강과 산이 어우러져 정말 환상적인 분위기를 가진 곳이에요. 아이들과 가볍게 산책할 수 있는 탐방로와 등산로가 잘 만들어져 있습니다."

Information

주소	강원도 화천군 간동면 구만리 1313-1번지
전화	033-440-2547
이용료	무료
수용 규모	텐트 100동
편의시설	개수대, 화장실, 매점
주변 명소	딴산 유원지에서 빙벽 등반, 산천어 축제(매년 1월 중순)

이 남 제

답답한 도시에서 벗어나 충전하기
홀로 떠나는 백패킹

캠퍼	··· 이남제(38세)
한 줄 talk	··· 처음 시작은 오토캠핑이었으나 지금은 백패킹의 매력에 푹 빠져 있다.
언제부터	··· 2011년
얼마나 자주	··· 한 달에 한두 번
누구와 함께	··· 혼자. 때때로 카약 동호회 회원들과 함께

직장인이라면 누구나 문득 그간의 회사생활을 돌아보게 되는 시기가 온다. 의욕 넘치던 신입사원일 때와 달리 나이를 먹어감에 따라 포기하고 잃어가는 것들에 대한 아쉬움이 밀려오고, 물에 젖은 솜처럼 축 늘어진 어깨와 핼쑥한 얼굴로 매일 아침 마지못해 출근길에 오를 때 말이다. 이남제 씨도 그랬다. 세상 모든 것이 다 내 뜻대로 움직일 줄 알았는데, 어느덧 만만치 않은 현실과 적당히 타협하고 사는 자신을 발견하고는 나 자신을 돌아보기 위해 회사생활을 정리했다. 6개월 동안 쉬겠다고 마음먹고 가장 먼저 한 것이 한겨울의 덕유산 등반이었다. 이때 회사생활을 하면서 느끼지 못했던 자연 속에서의 치유가 무엇인지 깨달았다. 그것이 자신에게 매우 필요했다는 것도. 이후 자연 속으로의 여행을 준비하던 차에 우연히 잡지에서 캠핑에 대한 기사를 읽게 됐다.

"나무가 우거진 그늘 아래 타프를 쳐놓고 릴랙스 체어에 앉아 책을 읽는 모습이 담긴 사진을 보고, 이거다 싶었어요. 캠핑을 동경하게 되면서 본격적으로 텐트와 장비를 사 모으기 시작했습니다. 장비가 어느 정도 준비되자 첫 캠핑을 계획했어요. 처음이라는 의미 때문에 장소 선정에 무척 고심했죠. 인터넷 캠핑 동호회에 가입해서 캠핑 후기를 열심히

검색한 끝에 중도로 결정했어요."

사실 중도는 캠핑족들 사이에서 워낙 인기 있는 장소인지라 주말에 가면 여유로움을 느끼기는 힘들다. 하지만 그는 직장을 그만둔 터라 평일에 갈 수 있었고, 파릇파릇한 잔디 위에서 한가로움을 경험했다. 캠핑이라는 걸 직접 체험해본 뒤 더욱 그 매력에 빠져들었다.

1박 2일 또는 2박 3일 동안 매 끼니 고심을 거듭해서 식단을 짜고, 그에 따라 필요한 음식들을 구입하는 게 그렇게 즐거울 수 없었다. 크림스파게티와 신선한 과일을 듬뿍 넣은 상그리아까지, 집에서 해보지 않았던 식단을 준비하는 과정이 더없이 행복했다. 캠핑에서 빼놓을 수 없는 장비인 화로대도 즐거움을 더해줬다. 싸늘하고 궂은 날씨에 따뜻한 온기를 주는 땔감들의 춤사위가 마냥 신기하기만 했고, 불길이 사그라질 즈음부터 시작하는 바비큐 타임은 그 어떤 이벤트보다 멋졌다.

중도로 첫 캠핑을 다녀온 이후 오토캠핑의 묘미를 다 느껴볼 겨를도 없이 한 달 만에 백패킹을 시작했다. 덕유산을 등반하면서 느꼈던 가공되지 않은 자연의 경이로움을 보다 가까이서 경험하고 싶었다.

"바람이 좋았고, 흙이 좋았고, 나무가 좋았고, 그런 자연 속에서 걷는 게 좋았는데 오토캠핑은 뭔가 부족한 느낌이었어요. 답답한 도시를 떠나 한가로이 시간을 보내려고 캠핑을 가는 거잖아요? 하지만 캠핑 인구가 급격히 늘면서, 캠핑장에 가면 빽빽하게 들어선 엄청난 크기의 텐트들이 사방의 시야를 가리고, 밤이 되면 이웃에 대한 예의라고는 찾아볼 수 없는 시끄러운 대화가 이어지는 모습을 보게 되었어요. 술에 취해 추태를 일삼는 캠퍼들도 있고요. 이러한 캠핑 문화에 대한 대안으로 백패킹을 생각해낸 거죠."

백패킹은 오토캠핑에 비해 더 큰 불편을 감수해야 한다. 자동차에 장비를 싣는 오토캠핑과 다르게 무거운 장비가 담긴 배낭을 등에 지고 다녀야 하기 때문이다. 심지어 그는 일행 없이 홀로 백패킹을 즐긴다.

"지인들이 홀로 백패킹을 하는 것에 대해 걱정을 많이 합니다. 안전 때문이라기보다는 사람들과 어울리지 못한다고 생각하는 것 같아요. 하지만 제가 혼자 다니는 이유는 캠핑을 가서까지 사회에서처럼 지낼 필요는 없다고 생각해서에요. 여러 사람들과 같이 다니지 않아도 캠핑을 한다는 것만으로도 의미가 있고, 혼자 있는 시간이 주어진다는 것 자체가 매력적이잖아요."

백패킹은 오토캠핑과는 달리 장소의 제약이 적다. 캠핑장이 아니더라도 경치가 좋고 맘에 드는 곳 어디에든 사이트를 구축할 수 있다. 캠핑장을 예약할 필요도 없고 계획을 짤 필요도 없어서 주말 아침 눈을 떴을 때 마음이 동하면 백패킹을 떠난다. 충주호는 카약을 타고 호수의 장엄함을 느낄 수 있어

그가 유독 좋아하는 백패킹 장소다. 인터뷰를 하기 위해 그를 만난 곳도 바로 충주호였다. 내비게이션으로 검색하면 나오는 지점에서 비포장도로를 2킬로미터 정도 더 달려야 했다.

"카약을 타면 남들이 갈 수 없는 곳까지 들어갈 수 있어요. 카약은 딱 세 번 타봤는데 저랑 잘 맞는 취미인 듯해요. 카약 동호회 활동도 하고 있는데 충주호는 동호회 내에서도 꽤 유명한 곳이에요. 캠핑과 카약을 동시에 즐길 수 있고 풍경도 멋지죠. 캠핑과 달리 카약은 어울려서 타는 것도 나쁘지 않더군요."

오토캠핑 사이트를 구축하려면 보통 한 시간가량 소요되는데 그가 사이트를 구축하는 데는 채 10분이 걸리지 않았다. 단출한 장비 덕에 사이트 구축에 많은 시간을 들이지 않아도 된다는 것이 백패킹의 또 다른 장점은 아닐까 하는 생각이 절로 들었다. 오토캠핑에 비하면 소꿉장난 같은 사이즈의 텐트와 테이블이 세팅됐다. 뚝딱 사이트를 구축한 후 그는 휴대용 에스프레소 머신으로 커피를 내리기 시작했다.

"오토캠핑을 할 때와 달리 백패킹을 하면서 음식을 최소화했고 주류도 가지고 다니지 않아요. 반면 휴대용 에스프레소 머신은 꼭 챙기죠. 산 정상이나 맑은 호수 위에서 카약을 타고 에스프레소를 뽑아 마실 수 있는 유일한 방법이거든요. 손으로 서른 번 정도 펌핑해서 커피를 추출해내는데 크레마가 꽤 근사해요. 아침에 일어나 한 잔, 식사 후 한 잔씩 마십니다."

자연이 좋아 백패킹을 하게 되었지만 그는 자신이 순도 100퍼센트의 백패커는 못 된다고 했다. 에스프레소 머신을 비롯해 아이패드는 백패킹 갈 때 그가 꼭 가지고 다니는 아이템이다. 아이패드로 사이트 주변의 별자리를 찾아보고, 전자책으로 소설을 읽고, 디지털카메라로 찍은 사진을 확인한다. 동영상 촬영 및 편집에 대해서도 공부할 계획이다.

그는 장비에 대한 생각도 남달랐다. 보통은 텐트를 비롯해 처음 샀던 장비는 몇 번 써보고 방출하기 마련이다. 자신에게 맞는 장비를 찾을 때까지 몇 번이고 이 과정을 반복하는 캠퍼도 심심치 않게 볼 수 있다. 반면 이남제 씨는 처음 백패킹을 시작할 때 구입한 장비 중에 현재도 계속 사용하고 있

©이남제

는 것들이 많다. 굴업도로 떠난 첫 백패킹을 준비하며 구입한 힐레베르그 악토 텐트도 그렇다.

"백패킹 장비를 구입할 때 무게와 부피를 고려한 합리적 가격의 장비를 우선하기 때문에 지금까지 계속 사용할 수 있었던 것 같습니다. 다른 업체의 제품을 카피해서 내놓은 제품은 달가워하지 않아요. 캠핑 장비 업체들이 제품을 만들 때 철학을 담고 콘셉트를 잡기 위해 들이는 노력을, 이렇게나마 인정해주고 싶기 때문입니다."

충주호와 백운산, 발왕산 등 그가 즐겨 찾는 장소들은 처음 백패킹을 시작할 때만 해도 여유로움을 느낄 수 있는 곳이었는데 요즘은 항상 사람들로 붐빈다. 오토캠핑에 이어 백패킹 인구가 늘어나면서 백패킹 장소들도 유명세를 탄 것이다. 하지만 백패킹이 장소와 장비만 바뀐 채 오토

캠핑과 똑같이 술과 음식이 주가 된 것 같아 안타깝다. 나름대로의 철학을 가지고 자연 속으로 찾아오는 백패커가 많아졌으면 하는 것이 그의 바람이다.

지금까지는 알려진 곳을 찾아 다녔다면 앞으로는 자신만의 캠핑 장소를 개척해서 다니고 싶다. 아직 가보지 못했지만 바다 건너 송도 신도시의 첨단 고층빌딩들이 바라보이는 서해의 섬들을 찾아다닐 예정이다.

그가 홀로 백패킹을 다니는 것은 자연을 동경해서라기보다는 오히려 도시생활에서 충족하지 못하는 무언가를 얻기 위한 과정은 아닐까. 주말에 철저히 혼자가 되는 시간을 가지며 주중에 도시에서 일할 수 있는 에너지를 보충하기 위해서 말이다.

©이남제

MY FAVORITE
캠핑 사이트 디자인

"다음날 아침 텐트 안에서 지퍼를 열고 바라보게 되는 첫 풍경을 중요하게 생각하다 보니 텐트 안에서 보이는 프레임에 고심하며 사이트의 위치와 방향을 결정합니다. 백패킹에서는 보통 바람을 등지고 텐트 방향을 결정하지만 자연은 이상하게도 멋진 풍경을 선사해주는 방향 쪽에서 바람이 불더군요. 그래서 부득이하게 언제나 바람을 마주하며 텐트를 설치하고는 합니다."

힐레베르그 악토 텐트

"1인용 텐트인데 1.5킬로그램으로 가볍죠. 1개의 폴로 이루어져 쉽게 설치할 수 있어요. 백팩을 놓거나 취사를 위한 전실도 확보되어 있어 더 마음에 들어요. 여름에는 전용 홀더키트를 구입하면, 이너 텐트만으로도 설치가 가능하고 반대로 플라이만으로도 설치가 가능해서 무게와 부피를 최소한으로 줄일 수 있지요. 비자립형 텐트라서 사이트 구축에 제한적이고 천장이 낮아 불편하다는 점 때문에 몇 번 사용하고 방출하는 캠퍼들도 있는데, 전 이보다 더 마음에 드는 텐트를 아직 발견하지 못했어요. 사용자가 적어 희소성의 가치도 있고요."

스노우피크 오젠 테이블과 티타늄 미니솔로 쿡 세트

"플라스틱을 좋아하지 않는 반면 금속은 무척 좋아해서 금속으로 제작된 제품을 주로 구입하는 편입니다. 오젠은 스노우피크에서 새롭게 출시한 솔로 테이블인데, 상판이 티타늄으로 되어 있어요. A4용지 사이즈인데 무게가 320그램 남짓이에요. 티타늄 미니솔로 쿡 세트는 솔로 캠핑에 최적화된 제품이죠. 깊은 쿠커와 얕은 쿠커 2개로 구성되어 있는데 안에 스토브와 이소부탄가스가 쏙 들어가서 수납 면에서도 최고지요."

코베아 캠프56 스토브

"초소형, 초경량 스토브에요. 이름에 '56'이 들어가는데 무게가 56그램이기 때문이죠. 무엇보다도 깔끔한 마감과 뛰어난 디자인이 마음에 들어요. 겨울에는 이소부탄 스토브는 화력이 떨어지기 때문에 소토 무카 가솔린 스토브를 사용합니다. 예열 시간이 짧고 소음도 적어요."

MY FAVORITE
캠핑 기어

아크테릭스 보라 80, 클라터뮤젠 알스빈 30

"아크테릭스 보라 80은 주로 사용하는 백팩이에요. 전면부의 캥거루 주머니에는 텐트를 수납할 수 있어요. 포켓 구성이 합리적이어서 힐레베르그 악토 텐트와 함께 사용하면 빠른 설치와 철수가 가능하죠. 서브로는 30리터 크기의 클라터뮤젠 알스빈 30을 사용합니다. 벨트에 '버터플라이 브릿지 벨트 시스템'을 적용해서 배낭을 메고 오래 걸었을 때 피로를 덜어준답니다."

©이남제

소니 GPS-CS3

"항상 배낭에 매달고 다니는 아이템입니다. 위치추적기로 내가 걸어간 자취를 기록하면 백패킹하는 동안의 동선을 쉽게 알 수 있어요. 위성으로부터 계산한 현재 위치를 일정한 시간 간격으로 기록하기 때문에 산행을 하거나 카약을 탈 때 각 지점 간의 이동 시간도 파악이 가능하답니다. 소니 GPS-CS3는 위치 정보를 15초마다 기록하고, AA배터리 1개로 열 시간 넘게 사용할 수 있어요. 담뱃갑 크기로 주머니에도 쏙 들어간답니다. 카메라 때문에 가지고 다니기도 해요. 시간과 좌표를 확인할 수 있어서 사진을 언제 어디서 찍었는지 알 수 있죠."

ⓒ이남제

MY FAVORITE
캠핑 레시피

훈제연어 샐러드

"오토캠핑을 할 때는 매끼 요리를 하고는 했어요. 하지만 백패킹으로 바꾼 뒤로는 그다지 요리를 즐기지 않아요. 요리라고 해봤자 간단히 훈제연어 샐러드나 돼지고기 숙주 볶음 정도만 해먹습니다. 포도는 늘 챙겨 가요. 보기에도 예쁘고 목마를 때 먹으면 갈증이 어느 정도 해소되거든요."

재료(2인분 기준)

훈제연어 100g, 새우 50g, 무순, 샐러드 재료, 케이퍼 적당량, 샐러드드레싱(올리브오일 2큰 술, 통후추, 오레가노, 파슬리 약간)

step 1. 냉동된 훈제연어와 새우를 실온에 두어 해동시킨다.
step 2. 해동된 새우를 끓는 물에 살짝 데쳐서 준비한다.
step 3. 연어에 무순을 넣고 돌돌 만다. 바닥에 샐러드 채소, 케이퍼를 깔고 돌돌만 연어와 새우를 올린 후 샐러드드레싱을 뿌린다.

MY FAVORITE
캠핑 스폿

굴업도

"백패킹을 시작하면서 처음 간 곳이에요. 한국의 갈라파고스라고 불리는 서해의 아름다운 섬이죠. 한가로이 사슴들이 뛰어노는 곳에서 캠핑을 즐길 수 있어요. 배를 타고 덕적도로 가서 다시 굴업도까지 가는 배를 타야 하기 때문에 30리터 백팩에 최소한의 장비만 챙겼지요. 새벽 5시에 집에서 나왔는데 정오쯤에 도착했어요. 사이트 장소를 물색하다가 바다 옆 절벽가에 구축했는데 텐트에서 바다 너머로 지는 석양을 바라봤던 감동이 아직도 생생합니다."

Information
- **주소** 인천광역시 옹진군 덕적면 굴업리
- **찾아가기** 인천여객터미널에서 덕적도로 간 후 굴업도 가는 배로 갈아탄다.
- **전화** 032-899-2212
- **편의시설** 캠핑장으로 조성된 곳이 아니라 편의시설은 없다.

ⓒ이남제

원대리 자작나무숲

"초록색 숲과 하얀 자작나무가 어우러진 이국적인 분위기 때문에 즐겨 찾는 곳이에요. 힐링을 제대로 느낄 수 있는 곳이죠. 혼자서 또는 적은 인원이 조용히 시간을 보내기에 좋아요. 일행이 있어도 내 마음속의 자아와 대화를 하게 됩니다. 강원도 인제에는 원대리에 있는 자작나무숲과 응봉산 수산리에 위치한 자작나무숲 등 두 곳의 자작나무숲이 있어요. 이 중 원대리 자작나무숲은 2011년 3월에 개장한 곳으로 3,000그루의 자작나무가 심어져 있죠. 요즘은 입소문이 꽤 많이 나서 평일에도 명

상을 위한 단체나 트레킹 동호회 회원들의 방문이 끊이지 않아요. 늦은 저녁에 도착하거나 인적이 드문 장소를 찾아서 사이트를 구축합니다."

Information

주소	강원도 인제군 인제읍 원대리 산 67번지
전화	033-460-8032(인제국유림관리소)
편의시설	캠핑장으로 조성된 곳이 아니라 편의시설은 없다.
주변 명소	백담사, 내린천

©이남제

김현수

캠핑으로 제2의 인생을 찾다
평범한 직장인에서 기타리스트로

캠퍼	··· 김현수 (닉네임: 김대리, 38세)
한 줄 talk	··· 캠핑을 통해 기타리스트, 에세이스트로서의 본능을 발견, 인생 2막이 확장됐다.
언제부터	··· 2007년
얼마나 자주	··· 한 달에 두세 번, 캠핑밴드 연습은 매주
누구와 함께	··· 캠핑밴드 멤버들, 그 가족들과 함께

 볕은 아직 따뜻하고 공기는 차츰 차가워지는 10월 중순. 캠핑하기에 그만인 날씨였다. 연천에서 만나기로 한 김현수(닉네임: 김대리) 씨에게 전화를 걸었다.
 "전 지금 합주실이에요. 음향 장비를 챙기고 있어요.."
 캠핑장에서 밴드 공연을 한다는 이야기는 미리 들어 알고 있었다. 통기타 하나 메고 하는 단출한 공연인 줄 알았더니 그건 아닌가보다. 캠퍼 김현수 씨의 또 다른 이름은 '캠핑밴드 기타리스트 김대리'다. 수식어를 여러 개 가진, 이야기 풍성한 캠퍼를 만나는 건 신나는 일이다. 일단 연천으로 달렸다.
 이날 연천 화요일아침예술학교에는 서른 가족이 모였다. 모 정유회사가 주최한 캠핑 행사에 초청받은 사람들이다. 장비를 가져온 능숙한 캠퍼 가족들, 주최 측에서 마련해준 텐트에서 첫 캠핑을 경험하는 들뜬 가족들이 잔디밭을 가운데 두고 빙 둘러 있었다. 이들에게 오늘밤 캠핑의 멋을 더해줄 공연을 선사할 밴드가, 김대리가 속한 '캠핑밴드'다.
 엄마, 아빠, 아이들이 와글와글한 텐트 틈에 자그마한 타프가 후다닥 설치됐다. 그 아래에 백패커용 텐트, 카 텐트를 각자 치고 있는 남자들은 금세 눈에 띄었다. 김대리, 뭉크, 네이처, 딴따라, 하루. 이렇게 다섯이 밴드 멤버다. 밴드를 결성한 건 2011년 봄.

"밴드 멤버들과 캠핑을 다니기 시작한 건 2007년 5월부터였습니다. 어린 시절 아버지와 함께 다닌 걸 빼고는 경험이 없었는데, 플라잉낚시를 하러 갔다가 텐트를 치고 하룻밤 자게 됐지요. 차에서 쪽잠을 자느니 텐트가 낫겠다는 생각에 마트에서 산 6만 원짜리 돔 텐트를 가져갔거든요. 충북 삼탄 유원지에 새벽 3시에 도착해서 두 시간이나 낑낑대며 겨우 텐트를 쳤습니다. 그러고는 1박 2일 동안 낚시는 까맣게 잊고 텐트 안에서 멍하니 있었어요. 텐트 안에서 바라보이는 풍경, 바람 소리, 물소리. 한창 빠져 있던 플라잉낚시를 잊을 만큼 흥분됐어요."

그 마법 같은 시간은 캠핑에 무섭게 빠져들게 했다. 순수한 야영의 즐거움에 빠져 주말이 멀다 하고 산으로 들로 바다로 다니기를 수년. 그러는 사이 김대리는 기타를 잡게 됐고, 펜을 들었다.

"캠핑을 하면서 이 좋은 걸 여러 사람들에게 알려주고 싶었고, 그 방법을 고민하게 됐습니다. 그중 하나가 좋은 음악을 공유하자는 거였고요. 함께 다니던 캠퍼들과 재미삼아 기타를 치며 놀았는데, 그게 계기가 돼서 밴드까지 만든 거죠. 밴드 이름이 '캠핑밴드'입니다. 캠핑을 빼면 아무것도 아닌 거죠. 우리 앞에 화로대가 있고, 릴랙스 체어에 앉아 캠핑의 맛을 음미하는 사람들이 있는 캠핑 특유의 분위기가 부족한 실력을 채워준답니다."

재미삼아 기타 줄을 퉁기기 시작했던 것이 매주 월요일마다 퇴근 후 합주실에 모여 연습하는 직장인 밴드의 모양새를 갖추게 됐다. 재미삼아 시작한 것이라고 말은 하지만, 이날처럼 캠핑 행사를 주최하는 곳에서 러브콜이 올 정도라면 뭔가 특별한 것이 있을 것만 같았다.

"캠핑을 노래합니다. 캠핑밴드."

정직한 문구가 쓰인 조촐한 현수막. 기타 두 대, 젬베, 멜로디언, 마라카스가 캠핑용 의자 위에 가지런히 놓였다. 무대 오른쪽과 왼쪽 끝에는 메주만 한 스피커도 당당하게 세워놓았다. 각자의 의자를 가지고 무대 앞으로 모인 부부들은 무릎담요 아래로 손을 맞잡았다.

첫 곡은 라이너스의 〈연〉. 김대리는 보컬과 멜로디언을 맡았다. 유독 실수가 많았던 3분이 지나고 김대리가 마이크를 잡았다.

"저희는 캠핑을 하는 사람입니다. 어제까지 야근하다 온 일반인이구요. 실수가 많을

까봐 항상 염려가 되고 실망하실까봐 걱정됩니다만, 연습 많이 하고 왔으니 박수 한번 쳐주세요."

유려한 언변으로 실수를 말끔히 씻었다. 흡사 토크콘서트를 연상시키는 레퍼토리로 공연은 이어졌다. 이날 공연의 하이라이트는 김대리가 직접 쓴 글과 사진을 버무린 슬라이드 쇼였다. 연주는 뒷전으로 밀린 거냐며 밴드 멤버들은 실망할지 모르겠으나, 객석에서 가장 호응이 좋았던 시간은 역시 그 순간이었다.

이날 그가 관객들에게 보여준 포토에세이 "캠핑 싫어하는 우리 아내", "캠핑 좋아하는 우리 남편"은 현장의 모든 부부들을 울고 웃게 했다. 결혼도 안 한 총각이 어떻게 남편과 아내의 심정을 가려운 데 긁어주듯 정확하게 집어냈을까.

우리 가족이 좀더 편하고 당당하게 캠핑할 수 있었으면 하는 마음에 마이너스 통장을 쓰면서까지 장비를 산 남편. 이내 장비 욕심은 버렸지만 내 가족을 위한 캠핑을 하겠다는 마음, 아빠의 역할을 제대로 하겠다는 다짐을 줄곧 지켜온 남편의 솔직한 심정을 담은 글은 남자들의 마음을 움직였다. 작은아이 1년 치 학원비를 캠핑 장비 사는 데 다 털어넣은 남편을 바라보는 아내. 그럼에도 아이들과 다정히 이야기하고 눈 떠서부터 잠들 때까지 잠시도 쉬지 않고 몸을 움직여가며 슈퍼맨인 양 가족들을 챙기는 남편의 모습에 박수와 사랑을 보내는 아내의 편지는 여자들의 마음을 움직였다.

마음을 간질이는 감성적인 글쓰기는 김대리가 캠핑을 하면서 얻은 두 번째 직업이다. '에세이스트 김대리'는 캠핑 전문지에 기고할 정도로 글솜씨를 인정받기도 했다. 캠핑을 경험하기 전에는 단 한 번도 글을 쓰거나 사진 찍는 일을 진지하게 생각하지 않았다. 이제는 마냥 예쁜 사진보다는 이야기가 담겨 있고 캠핑의 의미를 되짚어줄 수 있는 사진을 찍기 위해 노력한다.

"물론 저도 장비에 관심이 있어요. 그런데 그런 이야기를 해서 뭐하겠어요. 캠퍼들을 보면서 느끼는 캠핑의 좋은 점들, 나만이 할 수 있는 얘기를 하자 싶어서 에세이도 쓰고 캠핑장에서 있었던 일을 재구성해서 캠핑 소설도 쓰는 거지요."

어느 캠핑장에 가서, 어떤 텐트를 치고, 무엇을 먹었으며, 몇 시쯤 철수해 집으로 돌아왔다는 캠핑 후기도 물론 흥미롭다. 하지만 김대리의 에세이에는 캠퍼를 바라보는 따뜻한 시선이 있고, 독자들이 '나의 캠핑은 어땠지?' 하고 되돌아보게 하는 힘이 있다.

그는 글로서 가족 캠핑에 대한 로망을 내보인다. 아버지와 아들을 한 앵글에 담은 사진을 종종 볼 수 있는 것도 이 때문. 그가 머릿속에 그린 이상적인 캠핑의 한 장면은 이렇다.

"영화 〈흐르는 강물처럼〉에는 아버지와 두 아들이 나란히 강물에 발을 담그고 낚싯대를 드리우는 장면이 나와요. 그 영화의 한 장면처럼 내 아이와 그렇게 서보고 싶어요. 이 영화를 백 번은 본 것 같은데, 그렇게 보고 나니까 왜 영화 제목이 〈흐르는 강물처럼〉인지 알겠더라고요. 나

중에 아버지와 형이 죽고, 동생만 그 강에 홀로 서서 낚시를 해요. 그러니까 세 부자가 같은 시간과 공간, 세월을 공유하는 거죠. 캠핑의 모습을 묘사하는데 왜 낚시 이야기를 하나 싶겠지만, 캠핑에 가서 뭘 하든 그 시간과 공간을 공유하는 것 자체가 의미 있는 것이고, 그걸 내 아이와 함께하고 싶어요."

모든 사람이 꼭 한 번 캠핑을 해봤으면 한다고 김대리는 말한다. 그러나 몇 시간에 걸쳐 장비를 펴고 분주하게 음식을 만들고 빡빡한 고속도로를 기어서 간신히 집에 도착하는 그 과정에 이미 지쳐버리는 캠핑, 일상에서 벗어나려 했지만 주말마다 또 다른 일상이 되어버린 캠핑은 이상적인 모습이 아니었다. 지금처럼 아버지들이 지치고 고되다면 10년이고 20년이고 캠핑을 계속할 수는 없을 것이다. 그에게 캠핑이라는 것은 서로의 자아를 찾아가는 과정이고, 자연을 공유하는 훌륭한 수단이며, 일종의 멤버십 트레이닝이 가능한 이상적인 레저다. 그 좋은 캠핑을 여럿에게 전하기 위해 김대리는 오늘도 사진을 찍고 글을 쓴다.

"전 캠핑을 하면서 제가 생각하는 자아를 하나둘 발견했어요. 내가 뭘 하는 사람이라는 역할 말고 자아에 대해서요. 남을 공감시키는 글재주가 있고 사진을 예쁘게 찍는다는 생각을 스스로는 단 한 번도 해보지 않았거든요. 사진을 찍을 때 그 프레임 속의 이야기를 상상하는 게 정말 행복했어요. 사진 한 장으로 캠핑의 모든 것을 말할 수가 있더라고요. 스토리를 담아내는 그릇이 사진이라는 것, 그런 사진을 찍을 기회를 캠핑하면서 얻었죠. 캠핑을 통해서 제 자신에 대해 점점 눈을 뜨는 느낌이에요."

캠핑에 빠져서 주말만 기다리던 캠퍼 김대리는 만 4년이 지나는 동안

에세이스트 김대리, 기타리스트 김대리로 명함이 부쩍 늘었다. 평일의 일상이 연극의 1막이라면 전혀 다른 나를 만들어갈 수 있는 2막이 캠핑인 셈인데, 그 2막이 더욱 풍성해진 것이다.

캠핑밴드의 공연이 끝난 후 그는 부녀회장처럼 이 텐트 저 텐트를 챙겼다. 우리에게도 고기 좀 들라고, 맥주 한잔 하라고, 텐트를 내줄 테니 자고 가라고, 공연 때문에 많은 이야기를 나누지 못해서 어쩌느냐고, 쉼 없이 따뜻하게 말을 걸었다. 핑퐁처럼 주고받는 밴드 멤버들의 끈끈한 대화에 빠져들어 준비해 온 질문지는 덮어둔 지 오래, 타닥타닥 장작 타는 밤이 깊었다. 결국 그날 밤은 밴드 멤버 뭉크가 쳐둔 텐트에 신세를 졌다.

다음날 아침, 부스럭거리며 텐트에서 나왔다. 바지런한 김대리는 말끔하게 세수를 한 모습으로 묵직한 카메라를 들고 잔디밭으로 향하고 있었다. 그가 가장 좋아한다는 캠핑의 순간, 아침이다. 새벽의 공기와 이슬, 내 발자국 소리마저 귓속으로 빨려들어오는 고요함, 낙엽 밟는 느낌. 거기서 받는 에너지가 엄청나서 아침만큼은 반드시 온몸의 촉을 세운 채 만끽한다고 했다. 몇몇 텐트에서 어린애들이 일찍부터 일어나 잔디밭에서 놀고 있었다. 비눗방울놀이를 하는 아이들이 까르르 웃었다. 소리 나는 쪽으로 성큼성큼 다가가는 김대리는 아이들이 예뻐 어쩔 줄 모르는 표정이었다. 그의 카메라 앵글 안에서 또 하나의 이야기가 만들어지고 있었다.

MY FAVORITE
캠핑 사이트 디자인

 "루프트톱 텐트를 써요. 설치하고 철수하는 게 간편해서 그 전에 다른 텐트를 어떻게 썼나 싶을 정도랍니다."

 루프트톱 텐트는 호주에서 많이 쓰는 형태다. 바닥에 뱀이 많고 야생동물이 빈번히 텐트 주변을 오가는 환경 때문에 생겨났다고 한다. 야생에서 적당한 높이의 셸터를 손쉽게 마련할 수 있고, 눈이나 비가 와도 큰 염려가 없다. 차에 한번 설치하면 평소 주행할 때도 50킬로그램가량 나가는 텐트를 싣고 다녀야 한다는 단점은 있지만 야외활동을 즐기는 사람이라면 고려해볼 만하다.

꿈꾸는 다락방, 캠핑장에도 있다

"양털 요를 깔았어요. 한겨울에도 등유 난로 하나만 켜두면 후끈하지요. 잠자리가 특히 편하고 몸이 가뿐해서 다음날 컨디션에도 전혀 지장이 없답니다. 창문 공간이 있는데, 바닷가 캠핑장에 가서 여기를 열어놓고 누워서 맥주 한잔 하는 상상을 해보세요. 더 이상 설명이 필요 없지요."

유년의 낭만, 사다리

계단을 오르내리는 일은 아이들만 좋아하는 게 아니다. 다락방에 오르려면 사다리가 필요하다. 루프톱 텐트에는 착착 접어서 차 지붕에 숨길 수 있는 튼튼한 사다리가 반드시 있다. 사다리를 오르내리는 건 하루에 고작 서너 번일 테지만, 유년을 떠올리게 하는 그 짧은 시간이 캠핑을 더욱 값지게 만든다.

아담한 거실 공간

"침실 아래에 거실 공간을 만들죠. 추운 겨울이 아니라면 이 공간은 굳이 만들지 않아도 돼요. 그 대신 탁 트인 야외에 그늘막을 쳐놓고 놀지요. 두 사람이 지내기에 적당한 아담한 크기입니다. 루프톱 텐트도 몇 인용이냐에 따라 다양한 제품이 있어요. 제가 쓰는 건 개중에 작은 축이에요. 공간이 좁으니 쓸데없이 어지럽히지 않고, 의자에 앉아서 요리하고 장비를 꺼내거나 넣고, 모든 걸 할 수 있어요."

설치 10분, 철수 10분

거실 공간은 지퍼로 분리해서 돌돌 말아 넣는다. 다락방은 절반으로 접어 자동차 루프 위에 안정감 있게 얹는다. 전용 덮개를 씌워서 지퍼를 채우면 끝. 설치하는 것은 지금까지의 과정에서 더하고 뺄 것 없이 거꾸로 진행하면 된다. 거실 공간이 별로 필요하지 않은 여름에는 거실을 만들 4분이 더 절약될 것이다.

MY FAVORITE
캠핑 기어

아버지의 캠핑용 나이프

"아버지하고 어릴 때부터 야영을 다녔습니다. 매년 여름휴가는 무조건 3박 4일 캠핑이었거든요. 그때는 장비를 제대로 갖춘 것도 아니었죠. 타프도 없어서 비가 오면 김장비닐로 텐트를 씌우는 수준이었으니까요. 그래도 그때 기억이 아직까지 많이 남아 있답니다.

아버지는 집에 들어오시면 딱 세 마디 하는 그런 무뚝뚝한 경상도 남자였지요. 남들은 가족끼리 도란도란 재미있는 이야기를 나누고 알콩달콩 사는 맛이 있다고 하는데, 우리 집은 그런 게 없었죠.

저랑 동생이 초등학교에 다니던 때는 먹고사는 것도 어려웠는데, 엄마가 캠핑이라는 걸 알아온 거예요. 물가에서 애들이 놀고 밖에서 밥 해먹는 캠핑, 그거 한번 가면 참 좋겠다 하셨죠. 엄마가 등산용품점에 아버지를 끌고 가서 텐트, 버너, 코펠 일체를 외상으로 달라고 했대요. 어떻게 말을 했는지 가게 사장님은 그러마고 하셨고요. 그때는 텐트가 지금보다 작았고, 의자 대신 돗자리에 앉았죠. 그 정도 차이지, 지금처럼 그때도 캠핑 문화가 있었습니다.

처음 캠핑을 갔는데 아버지가 밥을 하시는 거예요. 충격이었죠. 집에서 말 세 마디 하던 아버지가 바지런하게 돌아다니면서 텐트도 치고 밥도 지었으니까요. 한 번은 계곡에서 수영을 하던 아버지가 물에 빠진 아이를 구한 적이 있어요. 아버지가 위대해 보이더군요. 집에서 봤던 아버지와 전혀 다른 아버지를 캠핑장에서 만난 거죠. 그러니까 제가 캠핑에 대해 좋게 생각할 수밖에 없지 않겠어요? 내 아이들한테 내가 어떻게 보일지 기대가 되니까.

지금 제가 쓰는 이 캠핑용 칼이 그때 쓰던 물건 중 유일하게 남은 거예요. 아버지가 좀 일찍 돌아가셨는데, 2년 전 추석엔가, 어머니가 가죽 케이스에 들어 있는 이 칼을 내어주셨어요. 어디서 많이 본 것 같아서, '아버지가 캠핑 가서 사과 깎고 했던 그 칼 아니에요?' 하고 물었더니 맞대요. 근 20년이 훌쩍 넘은 칼이죠.

아버지가 그래도 하나는 남겨주셨네요. 칼을 받아들고 멋지게 갈아서 써야지 했죠. 지금도 항상 가지고 다니는 소중한 캠핑 장비입니다."

©김현수

50mm 단렌즈

척 봐도 대단히 좋아 보이는 전문가용 DSLR을 언제나 손닿는 곳에 두고 캠핑을 즐긴다. 캠핑의 동반자 격인 이 카메라 바디에 결합하는 렌즈는 언제나 50mm 단렌즈다. 사람이 눈으로 보는 것과 가장 근접하게 피사체를 담아내는 렌즈 화각이 50mm이다. 다만 사람 눈보다는 좀더 평면적이어서 초점을 맞춘 피사체 외의 것들은 뷰파인더 안에 들어오지 않는다. 오직 내가 담고자 하는 지점, 그 대상과 나 사이에 타이트한 긴장감이 형성된다. 주변을 말끔히 재단한 채 내가 보고자 하는 그것에 무한 집중하게 만드는 것이다.

단렌즈이기 때문에 두 발로 줌 기능을 대신해야 한다. 풍경 속으로 걸어 들어가고 때로는 풍경 밖으로 뒷걸음질 쳐야 하는 게 단렌즈다. 풍경과 나와의 긴밀한 대화. 50mm 단렌즈가 선물한 캠핑의 참맛이다.

MY FAVORITE
캠핑 레시피

안심 스테이크

"미혼 남성이 캠핑에서 여성들에게 어필할 만한 포인트가 바로 이런 요리가 아닐까요. 예전에 여자친구한테 한 번 해준 적이 있는데 반응이 좋았어요. 접시에 예쁘게 담아내면 레스토랑 스테이크가 부럽지 않아요."

재료(2인분 기준)

안심 400g, 수제 소시지 2개, 감자 1개, 양파 1개, 피망 1개, 청경채 50g, 브로콜리 50g, 버섯 50g, 소금 약간, 후추 약간, 올리브오일 적당량, 요구르트 드레싱 2큰 술

step 1. 각종 채소를 손질한 후 적당한 크기로 썬다.
step 2. 감자를 제외한 채소에 올리브오일과 소금, 후추를 넣고 잘 버무린 후 달궈진 팬에 볶는다. 감자는 속이 익을 때까지 찐다.
step 3. 올리브오일과 소금, 후추로 양념한 고기를 달궈진 프라이팬에 굽는다. 고기를 뒤집을 때 모양이 부서지지 않도록 주의한다.
step 4. 프라이팬에 소시지를 노릇노릇하게 구운 후 채소, 고기, 소시지를 접시에 담아 낸다. 찐 감자는 반으로 잘라 요구르트 드레싱을 뿌린다.

MY FAVORITE
캠핑 스폿

6번국도 어딘가

"한창 캠핑에 빠져 있던 시기였어요. 금요일 밤 12시, 그냥 집에 있을까 하다가 어디라도 나가고 싶은 마음에 짐을 꾸렸죠. 우선 강원도 쪽으로 가려고 목적지도 정하지 않고 일단 국도를 달렸어요. 목적지가 없으니 국도를 타고 가다가 적당한 곳에 텐트를 치고 묵어야겠다는 생각이었죠. 그렇게 한밤중에 국도를 달리는데, 강원도 국도에는 가로등이 없는 거예요. 슬슬 무서워졌지요. 지형을 파악할 수 없으면 여러모로 위험하잖아요. 강가에 대충 텐트를 친다 해도 물이 어떻게 변할지 모르고, 돌이 굴러떨어질 수도 있고요.

하염없이 국도를 달려서 인제의 내린천까지 갔던 것 같아요. 거기까지 가는 동안에도 도저히 마땅한 자리를 못 찾아서 차를 돌려 6번국도를 타고 서울로 향하는데, 국도변에 공터가 보였어요. 그 공터에 깔끔한 간이화장실도 있고요.

서울까지 다시 가려니 너무 피곤하고 졸려서 계속 운전했다가는 위험할 것 같았죠. 그래서 자동차 전조등을 켜고 텐트를 쳤습니다. 텐트를 치는데 어찌나 두렵던지. 누가 보고 있는 것만 같았죠. 자동차 불빛이 나를 표적처럼 만든다고 해야 할까요? 나는 그게 짐승이건 사람이건, 상대가 보이지 않는데 상대에게 '난 여기 있네' 하고 완전히 노출해버리는 거니까요.

후다닥 텐트를 치고 안으로 쏙 들어가서 된장찌개를 끓여 먹고 잠깐 눈을 붙였죠. 빨리 해가 떴으면 좋겠다는 생각밖에 안 들었어요. 잠깐 눈을 감았다 떴는데 새벽이 오는 어스름한 빛이 보였어요. 안도감이 느껴지는 순간이었죠. 아무도 없는 외딴 국도변에 혼자서 그 시간을 견뎌내고 아침을 맞았다는 게 스스로 얼마나 대견하던지. 몸은 피곤해도 그 아침의 감상은 절대 잊을 수가 없을 것 같아요.

그 장소가 어디냐고요? 6번국도변 어디쯤인데, 지금은 알 수가 없어요. 다시 찾아낼 수 없을 것 같아요. 그래서 더 기억에 남는 캠핑 스폿입니다."

모두 ©김현수

한 윤
우 주
섭 희

우 연 한   마 주 침 을   기 대 하 며
바 이 크 를   타 고   떠 나 는   캠 핑

캠퍼 ··· 한우섭(52세)·윤주희(40세)
한 줄 talk ··· 할리데이비슨을 타고 전국일주를 다닌다.
           길을 가다가 맘에 드는 곳에 머물면 그곳이 바로 캠핑장
언제부터 ··· 2009년
얼마나 자주 ··· 한 달에 한두 번. 1년에 한 번은 전국일주
누구와 함께 ··· 둘이서 또는 캠핑을 하다가 만난 지인들과 함께

　캠핑이라고 하면 단연 오토캠핑이 대세다. 캠핑을 하다보면 어느새 짐이 많아져 트렁크는 물론 차 뒷좌석을 꽉꽉 채우고, 그래도 모자라 트레일러를 가지고 다닐 정도다. 많은 짐 때문에 바이크캠핑이 가능할까 싶지만, 결론부터 말하면 '예스'다. 처음 한우섭, 윤주희 부부를 만난 것은 지인들과의 캠핑에서였다. 저녁을 먹고 모닥불 앞에서 술잔을 기울이는데 늦은 밤의 정적을 깨고 우렁찬 바이크 소리가 들려왔다. 느닷없는 할리데이비슨의 등장에 다들 의아해했고, 이내 할리데이비슨의 주인공들이 뚜벅뚜벅 걸어왔다. 헬멧을 벗기 전까지는 혈기왕성한 20~30대 젊은 커플이려니 했다. 하지만 헬멧을 벗자 예상을 깬 지긋한 외모에 놀랄 수밖에 없었다. 호기심에 좀더 많은 얘기를 나누고 싶었으나 지인을 만나기 위해 잠시 들른 차라 첫 만남은 아쉽게 끝나고 말았다.

　한우섭, 윤주희 부부를 양평의 도장계곡에서 다시 만났다. 정식 캠핑장은 아니었지만 계곡 옆에 삼삼오오 모여 캠핑을 하는 이들이 눈에 들어왔다. 그들의 사이트를 찾기는 그리 어렵지 않았다. 할리데이비슨이 세워진 텐트를 찾으면 되니까. 여느 캠핑족들과 달리 부부가 가죽점퍼를 입고 가죽부츠를 신고 있어서 더 쉽게 찾을 수 있었다.

"어렸을 때부터 할리데이비슨에 대한 동경이 있었어요. 으레 그렇듯 가족들이 걱정을 해서 쉽게 꿈을 이루지는 못했죠. 그러다가 15년 전에 처음 할리데이비슨을 구입했어요. 영화 〈터미네이터〉에서 아놀드 슈왈제네거가 탔던 '팻보이'였죠. 젊은 취향의 모델로 스포티한 디자인이에요. 8~9년 정도 탄 후에 클래식한 모델인 'FXSTS'로 바꿨어요. 녀석의 매력은 거친 진동과 살아 있는 듯한 소리죠. 잔고장도 거의 없고요."

한우섭 씨는 원래 오토캠핑을 즐겼다. 바이크를 타기 시작하면서 오토캠핑이 바이크캠핑으로 자연스럽게 옮겨 갔다. 오토캠핑과 바이크캠핑의 가장 큰 차이점을 묻자 손이 열 배는 더 들어간다고 말한다.

"오토캠핑은 캠핑 전날이나 당일 아침에도 바로 떠날 수 있지만 바이크캠핑은 2주 전부터 계획을 세워요. 무엇보다도 안전이 가장 중요하기 때문이죠. 바이크를 점검하고 짐을 어떻게 실어야 할지 등 완벽하게 준비가 되어야 비로소 떠날 수 있어요."

한때 잘나가는 디스플레이 디자이너였던 한우섭 씨는(자전거를 타고 있는 모 유명 의류 브랜드 로고가 그의 작품이다. 그는 자전거를 직접 만든 후에 로고를 디자인했다) 웬만한 것은 핸드메이드로 제작한다. 바이크캠핑에서 캠핑 장비는 크기와 무게가 관건이다. 바이크에 실을 수 있도록 바비큐 그릴이나 테이블을 직접 만들었다. 1년에 한 번씩 바이크 스타일과 컬러를 바꾸고, 시거잭이나 내비게이션 홀더를 다는 등 바이크를 손본다. 내년이나 내후년에는 아내의 바이크를 직접 제작할 계획이라고. 바이크 수리도 마찬가지로 그의 손을 거친다.

"(군데군데 피가 맺힌 상처투성이 손을 보여주며) 바이크 무게가 300킬로그램, 짐이 40킬로그램, 저와 아내 몸무게까지 합치면 거의 500킬로그램이나 되는 엄청난 무게 때문인지 캠핑을 한번 다녀오면 바이크를 손볼 일이 꼭 생겨요."

한우섭, 윤주희 부부는 1년에 한 번 바이크를 타고 전국일주를 떠난다. 재래시장, 유적지 등 테마를 정한 후 루트를 짜는데, 보통 열흘에서 보름 일정으로 다닌다. 시간이 허락한다면 더 길게 가고 싶지만 일정이 길어지면 중간에 일이 생겨서 돌아오는 경우가 종종 있었기 때문에 보름 이상은 일정을 잡지 않는다. 애견도 그 이유 중 하나인데 언제가 될지 모르지만 사이드카를 만들어 애견도 같이 데리고 다닐 계획이다.

이들 부부는 캠핑을 다니면서 두 가지 원칙을 세웠다. 첫째, 숙소를 잡지 않는 것, 둘째, 꼭 가고 싶은 맛집을 제외하고는 매끼 만들어 먹는 것이다. 그들은 지인들과의 캠핑을 빼고는 단 한 번도 캠핑장이나 숙박업소에서 잔 적이 없다. 바이크 캠핑은 오토캠핑과 달리 장소의 제약을 덜 받는다.

"대략적인 일정은 세우지만 세세하게 계획하지는 않아요. 우연히 마주칠 수 있는 것에 대한 기대감이 좋잖아요. 그게 어렵다고요? 숙소를 정하지 않으면 가능해요. 바이크를 타고 가다가 마음에 드는 곳이 나오면 거기가 오늘의 숙소인 거죠. 숨겨진 작은 포구에서 파도 소리를 들으며 캠핑을 만끽할 수 있답니다. 비수기는 해변을 전세 낼 기회죠. 모래사장에 날짜와 이름을 쓰는 '의식'을 거행하고 사진을 찍어 기록을 남겨요."

매끼 해먹는다고 해도 재료를 미리 준비해 가지는 않는다. 음식 재료는 재래시장이나 현지 사람들에게서 조금씩 산다. 마을을 지나다 햇볕에 말리는 생선이 있으면 한 마리 사서 구워 먹는 식이다. 그냥 얻는 일도 왕왕 있다. 한 번은 어부들이 전어 한 자루를 줘서 캠핑하는 내내 실컷 먹었다. 이렇게 캠핑을 다니면 경비를 최소화할 수 있다. 들어가는 비용이라고는 바이크 휘발유 값이나 배를 타는 비용 정도다.

"캠핑의 진정한 가치를 느끼고 싶어서 술도 많이 안 마셔요. 맥주 한두 잔 정도가 전부죠. 바이크캠핑을 하면서 담배도 끊었어요. 주머니에 넣을 게 많으니 자리가 없어요. 담배를 피우기 위해 바이크를 세우는 것도, 꽁초를 버릴 장소를 찾는 것도 번거롭고요."

이들 부부가 음식보다 중요하게 여기는 것은 커피다. 모카포트와 핸드밀을 가지고 다니면서 언제 어디서나 향긋한 커피를 마신다. 캠핑을 다니면서 만나는 사람들에게 무언가 대접하고 싶을 때 커피가 가장 좋은 것도 이유 중 하나다. 아무도 없는 해변에서 아침에 눈을 뜨자마자 마시는 에스프레소 한 잔은 더없는 행복감을 선사한다. 텐트 앞에 테이블을 놓고 커피를 마시면 그 어떤 카페보다도 근사하다.

2011년 9월에 제주도까지 갔던 보름간의 캠핑은 두고두고 잊지 못할 기억으로 남아 있다. 원래 제주도에서 이틀 정도만 머무를 예정이었지만 이국적이고 아름다운 풍경에 반해 닷새나 머물렀다.

"제주도는 바이크 여행을 하기에

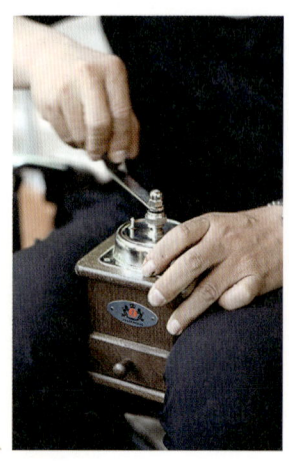

ⓒ한우섭

최적의 장소예요. 바이크를 타고 제주도 해안길과 올레길을 따라서 달리면 바이크 여행의 진수를 느낄 수 있어요. 바이크를 위한 편의시설도 잘 갖춰져 있고요. 일반적인 관광지는 가지 않고 잘 알려지지 않은 비경을 찾아 다녔는데 특히 김녕 쪽에 있는 이름 모를 해변이 참 좋더군요."

　제주도에서 만난 인연도 기억에 남는다. 아버지가 쓰던 오래된 텐트와 코펠을 들고 다니는, 경기도에서 온 학생들이 인상 깊었다. 어떻게 보면 창피하게 생각할 수도 있는데 애지중지하며 좋아하는 모습이 기특해 보였다고 한다. 지금도 형 동생 하며 자주 연락하고 지내는 한 가족과의 만남도 소중하다. 제주도에서의 일정이 길어진 이유가 바로 이 가족 때문이었다. 사회에서 만났다면 이렇게 친해질 수 있었을까 싶을 정도로, 짧은 시간이었지만 깊게 정이 들었다. 마지막 날 헤어지는 게 아쉬워 문어를 잡는다는 핑계로 새벽까지 해변을 걷고 또 걸었다. 한우섭 씨는 이렇게 캠핑을 하면서 만난 인연들을 기억하기 위해 그날의 느낌을 살린 음악과 캡션, 엔딩 크레딧까지 넣어서 한 편의 영화 같은 동영상을 만들기도 한다.

한우섭 씨는 바이크캠핑에서 가장 중요한 것은 안전과 체력이라고 거듭 강조한다. 처음 바이크캠핑을 다닐 때는 밤에도 이동했지만 요즘은 아침 일찍 움직여서 해지기 전에 목적지에 도착한다. 자는 곳을 정하지 않았으니 머물 장소를 찾는 데 소요되는 시간도 감안해야 한다. 보통 아침부터 이른 저녁까지 쉬지 않고 운전하기 때문에 평소 기초 체력 관리에도 신경을 쓰고 있다.

"저녁에 텐트를 치고 침낭에 누우면 너무 피곤해서 끄응 소리가 절로 나와요. 그래도 캠핑을 다니는 동안 자연스럽게 치유가 됩니다(웃음)."

바이크와 캠핑 장비에 지나치게 공을 들이는 것도 지양해야 한다고 충고한다. 처음 구입했을 때는 면봉으로 바이크를 닦을 정도로 애지중지하게 된다. 하지만 바이크를 즐겨야지 그 때문에 필요 이상으로 스트레스를 받으면 안 된다. 캠핑 장비도 마찬가지다. 남에게 과시하기 위해 지나

치게 비싼 장비를 구입하는 것보다 본인의 만족도가 중요하지 않을까.

이들 부부는 주변에 바이크를 타는 사람들에게 바이크캠핑 홍보 대사를 자청하고 있다. 인터뷰에 선뜻 응한 이유도 바이크캠핑을 홍보하기 위해서라고.

"보통 바이크 여행이라면 바이크를 타고 우르르 몰려가서 맛있는 것을 먹고 숙박업소에서 자고 오는 게 다예요. 캠핑 같은 여행법이 있다는 걸 알려주고 데리고 가면 다들 너무 좋다며 감탄하죠."

집에서는 부부싸움을 하지만 바이크캠핑을 다닐 때는 싸우는 일이 결코 없다. 둘이 의지하면서 바이크캠핑을 다녀서인지 관계가 더욱 끈끈해진다. 우리나라에서는 나이 든 사람들이 바이크를 타고 몸에 꽉 끼는 청바지를 입는 것에 대해서 인식이 좋지 않은데, 한우섭 씨는 그런 시선 때문에 제한을 두고 살고 싶지는 않다고 말한다. 건강만 허락한다면 오래도록 부부가 알콩달콩 바이크캠핑을 다니고 싶다는 그 바람이 꼭 이루어지길 바란다.

모두 ⓒ한우섭

럭스 아웃도어 티피 텐트

DIY 테이블

MY FAVORITE
캠핑 사이트 디자인

"바이크에 짐을 싣고 다녀야 하니 휴대성과 효율성이 최우선이에요. 텐트는 1~2인용이면 충분해요. 고어텍스 군용 텐트와 티피 텐트를 계절에 따라 가지고 다녀요. 헬멧과 가죽부츠를 들여놓을 넉넉한 전실도 고려해야 합니다."

장비를 구입할 때 합리적인 가격도 중요하게 여긴다. 고어텍스 군용 텐트는 30만 원대, 티피 텐트는 20만 원대에 구입했다. 그렇다고 기능적인 면을 고려하지 않고 무턱대고 저렴한 텐트를 구입하는 건 피하는 게 좋다.

럭스 아웃도어 티피 텐트

"주로 가지고 다녔던 고어텍스 군용 텐트는 천장이 바로 코앞이라 불편한데 최근에 구입한 2인용 티피 텐트는 천장이 높아서 면적에 비해 답답하지 않아요. 럭스 아웃도어라는 브랜드의 제품인데 가격에 비해 성능이 좋아요. 전실도 넓어서 맘에 들더군요. 비가 올 때 전실에 테이블을 놓고 식사도 할 수 있어서 여러모로 마음에 쏙 들어요."

DIY 테이블

"부피 때문에 좌식 테이블을 썼는데, 불편해서 직접 만들어봤어요. 3,000원짜리 도마에 경첩을 붙이고 아래에는 카메라 삼각대를 연결했죠.

평소에는 테이블로 쓰는데 아이패드를 사용할 때는 반으로 접어서 책상으로도 사용합니다. 좌식 테이블을 사용할 때는 바닥에 앉아야 했는데, 이건 작은 의자에 앉아서 사용할 수 있어 훨씬 편리해요."

솔라텍 물주머니

"캠핑장을 이용하지 않기 때문에 온수를 사용하기가 어려워요. 그래서 태양열로 물을 데우는 솔라텍 물주머니를 마련했어요. 간편하게 가지고 다니면서 따뜻한 물로 씻을 수 있지요."

MY FAVORITE
캠핑 기어

바이크 가방

"브랜드 바이크 가방 중에 캠핑 장비를 모두 담을 만한 넉넉한 크기의 가방이 없더군요. 그래서 군용 프레임 배낭 2개를 구입해서 약간 개조를 했어요. 바이크를 타고 여행을 다니면 먼지나 매연이 달라붙기 때문에 텐트 원단을 덧대기도 했지요. 브랜드 정품 가방이 100만 원대인데, 이건 10만 원대에 해결이 되니 경제적인 부담도 없어요."

ⓒ한우섭

헬멧 및 가죽점퍼, 가죽부츠

"바이크캠핑을 할 때 헬멧, 가죽점퍼와 부츠, 장갑은 생명과 직결이 되어 있어 꼭 지켜줘야 해요. 특히 헬멧은 가장 중요한 보호 장비죠. 오랜 시간 운전하다보면 목 근육에 무리가 많이 가기 때문에 지나치게 크거나 무거운 헬멧은 피하는 게 좋아요. 저는 보통 반모와 우천시를 대비해 풀페이스 헬멧을 가지고 다닙니다. 가죽점퍼도 헬멧만큼이나 중요해요. 미끄러져서 넘어질 때 피부를 보호하고 외부 온도로부터 체온을 유지하는 데 도움을 줍니다. 일명 '폴리스 자켓'이라고 하는 1930~40년대 영국 카페레이서 스타일을 즐겨 입어요. 나만의 표식이나 사인을 즐기는 편인데 등판에 페인트로 레터링이나 일러스트레이션을 그려 넣고는 한답니다."

가죽부츠는 할리데이비슨에서 헌 부츠를 가져오면 새 부츠를 저렴한 가격에 판매하는 이벤트를 할 때 구입했다. 낡은 부츠를 주고 15만 원에 샀다.

©한우섭

MY FAVORITE
캠핑 레시피

오분자기 된장찌개와 옥돔 구이

"바이크캠핑을 하는 지역에 따라 그때그때 메뉴가 달라집니다. 캠퍼들의 식단이 보통 고기로 시작해서 고기로 끝나는데, 저희는 가능하면 생선 위주로 먹어요. 조개를 사다 된장찌개를 끓이고 생선을 구워 먹죠. 제주도에서 먹었던 오분자기 된장찌개는 가장 맛있게 먹었던 캠핑 요리예요. 숯불에 구운 옥돔과 쌈을 곁들이면 금상첨화랍니다."

재료(2인분 기준)

오분자기 2~3개, 호박 1/4개, 양파 1/4개, 마늘 4~5쪽, 된장 2큰 술, 고춧가루 2큰 술, 옥돔 1마리, 육수용 멸치

step 1. 멸치 육수에 오분자기, 호박, 양파, 마늘, 된장, 고춧가루를 넣고 끓인다.
step 2. 된장찌개가 끓는 동안 화로대를 세팅하고 숯에 불을 붙인다.
step 3. 그릴에 호일을 깔고 옥돔을 노릇노릇하게 굽는다.
step 4. 된장찌개가 완성되면 옥돔구이, 쌈 채소와 함께 낸다.

모두 ⓒ한우섭

MY FAVORITE
캠핑 스폿

청산도

"영화 〈서편제〉 촬영지인 청산도에 우연히 머무른 적이 있어요. 완도에서 배를 타고 45분 정도 가는 곳이죠. 청산도는 아시아 최초의 슬로시티로 인정받은 곳이랍니다. 3개 코스의 슬로길이 있는데 천천히 걸으며 여유를 맛볼 수 있죠. 섬 일주 해안도로도 참 좋더군요. 낚싯배를 빌려 바다로 나갔다가 고등어회를 먹었던 기억은 잊을 수가 없어요. 선착장이 밝아서 밤낚시를 하면 고기가 끊임없이 낚이죠. 해수욕장에 있는 솔밭 아래에서 캠핑이 가능한데 화장실과 식수대가 마련되어 있어요."

Information

찾아가기 완도에서 청산도까지 가는 배가 운행된다.
전화 061-552-0116(완도연안여객선터미널)
편의시설 화장실, 식수대

 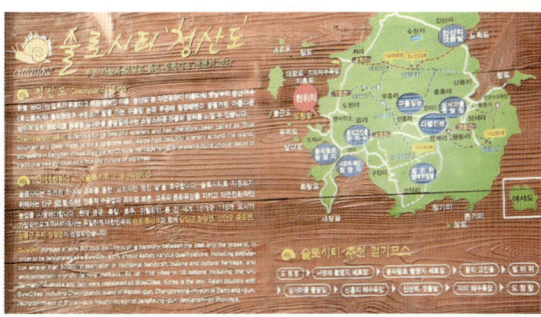

모두 ⓒ한우섭

국립중앙도서관 출판시도서목록(CIP)

(최강 캠퍼 11인이 말하는) 주말엔 캠핑 / 성재희, 윤영주 지음. --
고양 : 위즈덤하우스, 2012
    p. ;   cm

ISBN 978-89-98010-07-2 13980 : ₩15000

캠핑[camping]

699.2-KDC5
796.54-DDC21   CIP2012004258

최강 캠퍼 11인이 말하는
주말엔 캠핑

초판 1쇄 인쇄 2012년 9월 20일   **초판 1쇄 발행** 2012년 9월 30일

지은이 성재희·윤영주
펴낸이 연준혁

출판 7분사 편집장 김은주
편집 최은하 **제작** 이재승

펴낸곳 (주)위즈덤하우스 **출판등록** 2000년 5월 23일 제13-1071호
주소 경기도 고양시 일산동구 장항동 846번지 센트럴프라자 6층
전화 031)936-4000 **팩스** 031)903-3893 **홈페이지** www.wisdomhouse.co.kr
종이 월드페이퍼 **인쇄·제본** (주)현문 **후가공** 이지앤비

ⓒ 성재희·윤영주   **ISBN** 978-89-98010-07-2 13980
값 15,000원

* 잘못된 책은 바꿔드립니다.
* 이 책의 전부 또는 일부 내용을 재사용하려면
  사전에 저작권자와 (주)위즈덤하우스의 동의를 받아야 합니다.